Ralf Ritter
Rudolf Ritter

Wanderwege im Elsass

25 Rundwanderungen in den Südvogesen

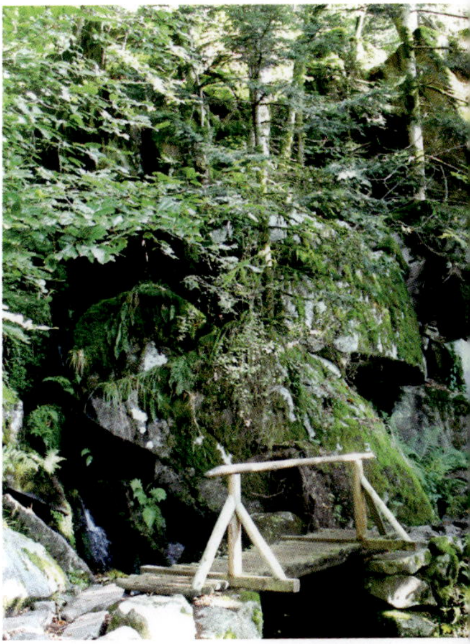

AF637900

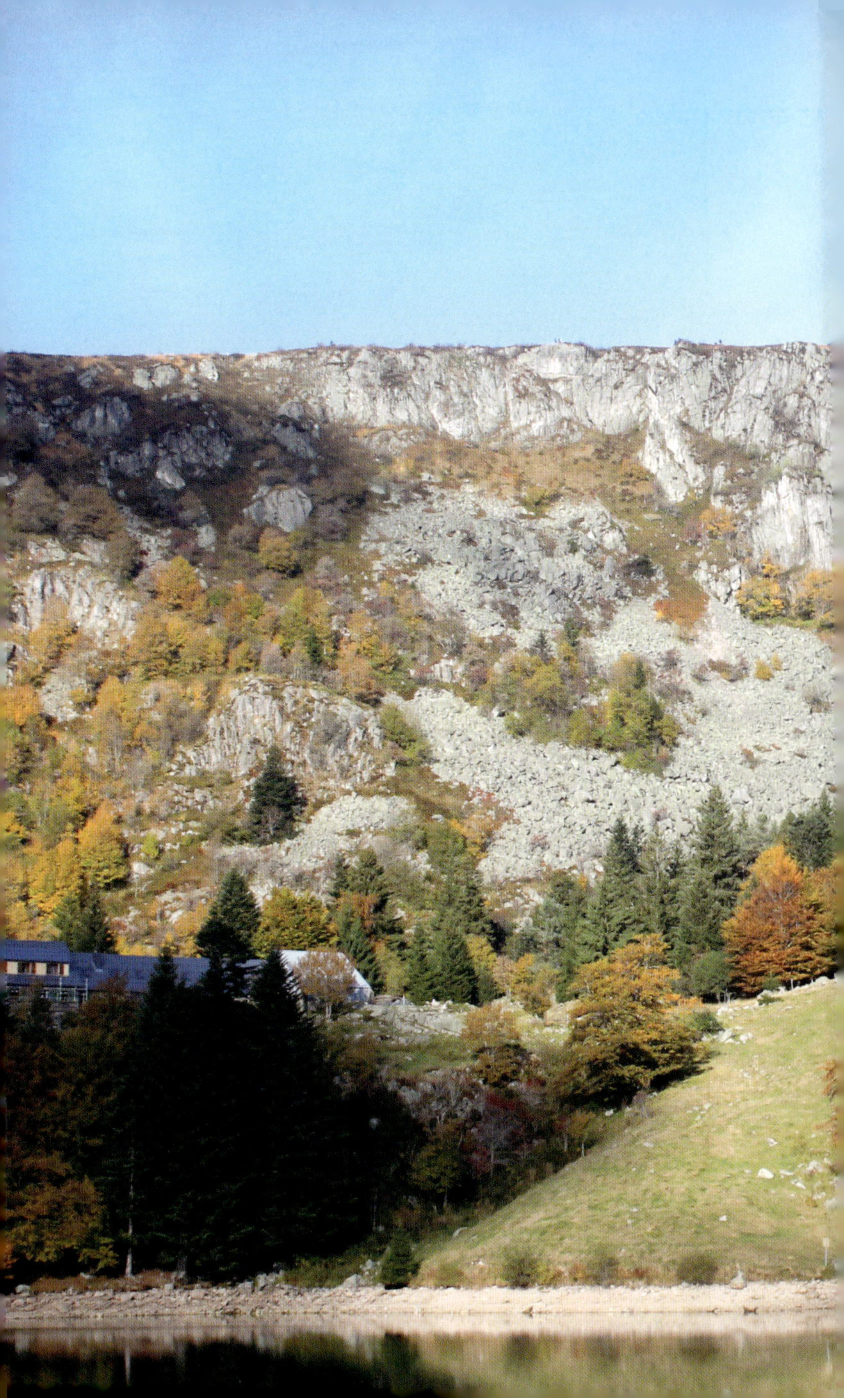

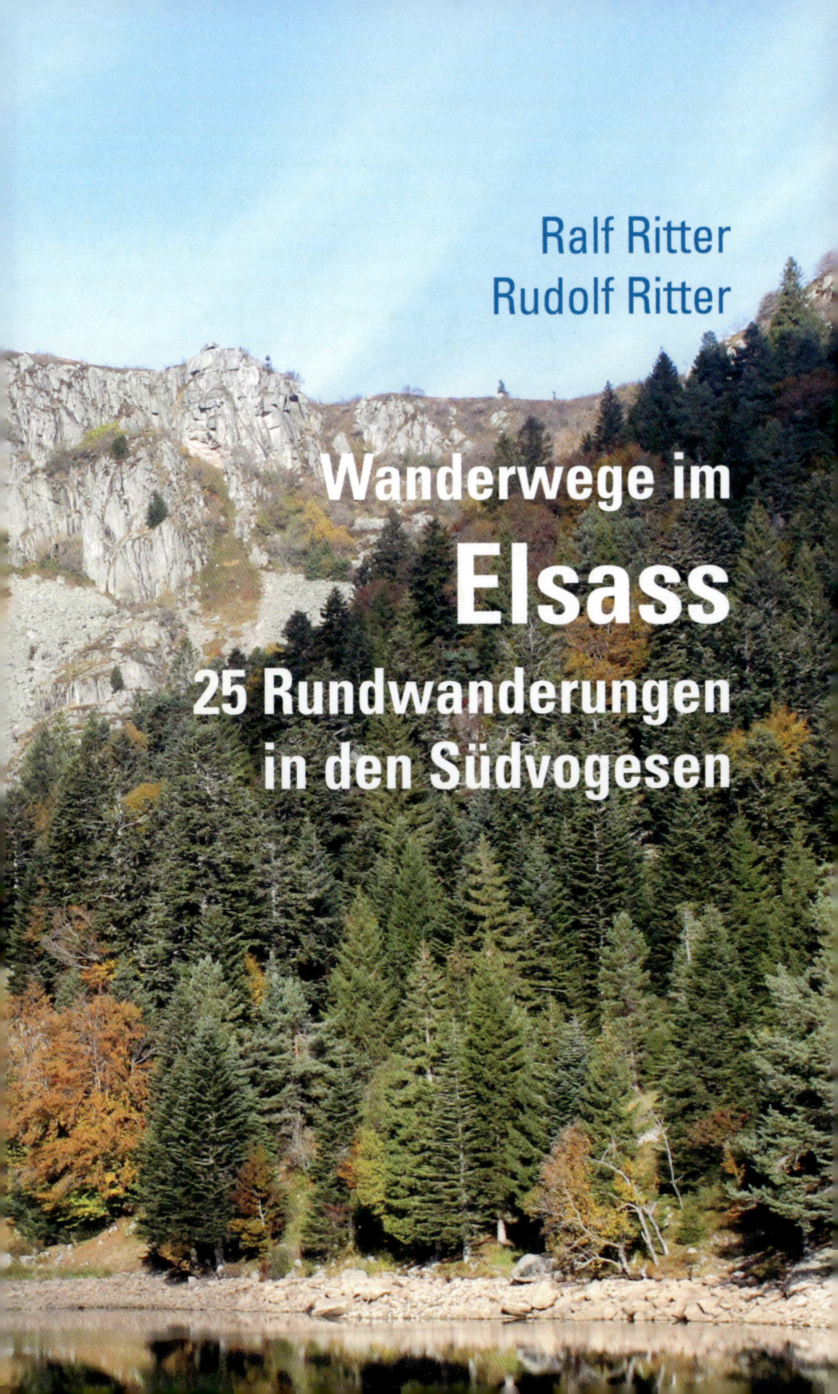

Ralf Ritter
Rudolf Ritter

Wanderwege im Elsass

25 Rundwanderungen in den Südvogesen

Cover:
Der Sternsee

Foto S. 1: Steg im Wormsatal bei Mittlach
Foto S. 2/3: Die Wand des Gazon du Faing

Alle Fotografien: Ralf Ritter

Ihre Meinung ist uns wichtig …
… für unsere Verlagsarbeit. Wir freuen uns auf Kritik und Anregungen unter: meinung@silberburg.de.

Alle Wegbeschreibungen erfolgen nach bestem Wissen und Gewissen. Autor und Verlag können jedoch keine Haftung übernehmen, auch nicht bei etwaigen Unfällen. Die Benutzung des Buches geschieht auf eigenes Risiko.

Sollte dieses Werk Links auf Webseiten Dritter enthalten, so machen wir uns die Inhalte nicht zu eigen und übernehmen für die Inhalte keine Haftung.

1. Auflage 2019

© 2019 Silberburg-Verlag GmbH,
Schweickhardtstraße 5a, 72072 Tübingen

Alle Rechte vorbehalten.

Umschlaggestaltung, Satz und Layout:
BUCHFLINK Rüdiger Wagner, Nördlingen
Lektorat: bookwise medienproduktion GmbH, München
Kartografie: Heidi Schmalfuß, München
Printed by Florjancic, Slowenien

ISBN 978-3-8425-2153-7

Besuchen Sie uns im Internet und entdecken Sie
die Vielfalt unseres Verlagsprogramms:
www.silberburg.de

Inhalt

Vorwort

Vor 50 Jahren war es nicht so einfach wie heute, in den Vogesen zu wandern. Gewiss gibt es den Vogesenclub schon seit 1872, und er hat sich um die Erschließung des Gebirges als Wandergebiet große Verdienste erworben. Aber Mündel hat in seinem Klassiker »Führer durch die Vogesen« von 1897 ausgeführt, dass er auf eine genaue Wegbeschreibung großen Wert lege, weil die Wegzeichen den Wanderer oft im Stich ließen (Vorwort). Das war auch 100 Jahre nach der Gründung des Vogesenclubs nicht ganz ausgeschlossen – bei 15 000 km Wanderwegen! Rudolf Ritter († 1994) begann ab 1960, die Vogesen für sich zu entdecken, nachdem er als Mitglied des Schwarzwaldvereins den gesamten Schwarzwald erwandert hatte. Daraus entstand der Wanderführer »Wanderwege im Elsaß – 25 Rundwanderungen in den Vogesen« (1972). Aufgrund des großen Interesses an diesem Buch erweiterte er die Anzahl bis 1987 auf 60 Wanderungen in sieben Auflagen. Heute ist es vergriffen.

In Besprechungen dieses Wanderführers wurden die gelungene Auswahl der Wanderrouten, der systematische Aufbau und die präzisen Wegbeschreibungen hervorgehoben. Sein besonderes Merkmal ist indessen der Einbau natur- und kulturkundlicher Darstellungen, die sich mit den jeweiligen Wanderungen verbinden ließen: die Legende des hl. Alexius, die Bedeutung der Hochweiden im Mittelalter und die Organisation der Beweidung, wenn er die Hautes Chaumes durchquert, die Militärarchitektur am Buchenkopf, die romanische Klosterkirche und die schwarzen Hunde von Murbach beim Aufstieg auf den Grand Ballon, die Entstehung der Kare und Karseen auf dem Weg zum Hohneck, die gotische Bergmannskirche St.-Pierre-sur-l'Hâte bei der Besteigung des Brézouard … Es gibt inzwischen mehrere Wanderführer für die Vogesen, sie beschränken sich jedoch meist auf eine knappe Routenbeschreibung.

Daher erscheint es lohnend, das Vogesenbuch von Rudolf Ritter in überarbeiteter Fassung wieder aufzulegen. So wurden alle Strecken 2018 neu begangen. Die Präsentation ist der heute üblichen Form mit Fotos und GPS-Tracks angepasst.

Der Wanderer begegnet in den Südvogesen nicht nur einer wundervollen Landschaft und Natur. Der vorliegende Führer eröffnet ihm durch die Einbeziehung natur- und kulturkundlicher Aspekte der ausgewählten Wanderungen ein tieferes Verständnis und Erlebnis dieser einzigartigen Kulturlandschaft.

Einführung

Vogesen und Schwarzwald

Das gegenwärtige oberrheinische Gebirgssystem bestand ursprünglich aus einem einzigen Gebirge. Die Vogesen bildeten sich aus dessen Westflügeln, der Schwarzwald und der Odenwald aus den Ostflügeln. Dann versank das Gebirge im Meer und hob sich gegen Ende der Juraperiode (vor 200–145 Mio. Jahren) wieder empor. Während der Aufwölbung brach der Oberrheingraben in der Tertiärzeit (vor 65 Mio. Jahren) ein, der anschließend mit mächtigen Sedimenten, insbesondere Rheinschotter, aufgefüllt wurde. Weitere Bewegungsvorgänge hoben die höchsten Teile beider Gebirge bis weit über 1000 m hinaus. So erscheinen Vogesen und Schwarzwald als Geschwister oder gar Zwillinge.

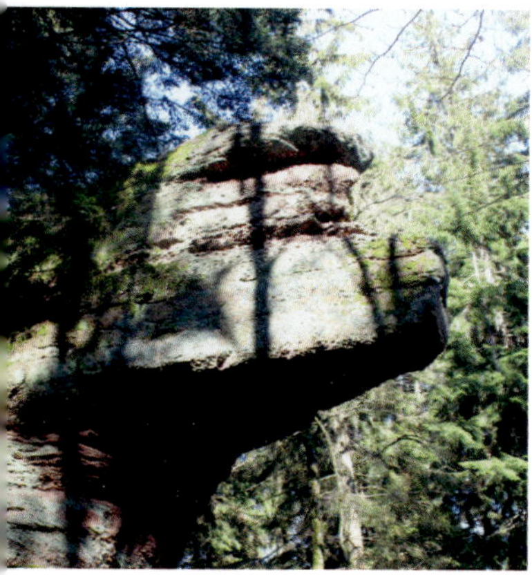

Der Spitzfelsen bei Thannenkirch

Dennoch gibt es zahlreiche Merkmale, in denen sich die beiden Gebirge unterscheiden: Die Vogesen sind mit 125 km beträchtlich kürzer, reichen aber im südlichen Abschnitt weit nach Westen, bilden fast eine Dreiecksform und sind daher größer in der Fläche (6800 km^2). Sie besitzen eine ausgeprägte Hauptwasserscheide in Form eines von Nord nach Süd verlaufenden Gebirgsscheitels, das eigentliche Rückgrat des Gebirges. Der Schwarzwald gleicht dagegen einer leicht nach Osten geneigten Platte. Als Wasserscheide zu den westlichen Südvogesen und zwischen den Tälern selbst sind lange hohe Kämme entstanden, von denen Nebenkämme wie Rippen abzweigen. Die höchste Erhebung, der Grand Ballon (der Große Belchen) mit 1424 m, liegt auf einem der östlichen Seitenkämme, der Rheinebene zugewandt, ähnlich wie der badische Belchen. Das Relief der Vogesen ist nicht mit dem des Schwarzwalds identisch: Es fällt in den Südvogesen stärker nach Westen ab als der Schwarzwald nach Osten. Gérardmer (Gerdsee) liegt – bei gleicher Entfernung zum Rhein – 687 m hoch, Löffingen 805 m.

Große Unterschiede gibt es zwischen Vogesen und Schwarzwald auch hinsichtlich der klimatischen Bedingungen. Die Luftströmungen, die das Wettergeschehen in unserem Raum vorwiegend bestimmen, kommen vor allem aus Südwest bis West. Die Gebiete am östlichen Rand des Pariser Beckens sind deutlich ozeanisch beeinflusst, während das Land östlich des Schwarzwalds ein eher kontinentales Klima aufweist. Die Reliefformen der Vogesen schaffen klare Luv- und Leegegensätze: Im Westen erhöhen sich die Niederschläge als Folge der auftretenden Stauvorgänge (Épinal: 1026 mm Niederschlag), auf der Ostseite lassen die Niederschläge nach. Zwischen dem Hauptkamm (2000 mm) der Vogesen und der »Trockeninsel« Colmar (500 mm) besteht ein deutlicher Kontrast. Am tiefen Gebirgsfuß kommen die Trockenheit und Wärme vor allem dem Weinbau zugute. Diese besonderen klimatischen Bedingungen beeinflussen die Vegetation und damit die Baumarten: Die Weißtanne bevorzugt Feuchtigkeit und Wärme, eine West- und Südausrichtung und damit ozeanisches Klima. Sie beherrscht in mittlerer Höhe einen großen Teil der Vogesen, vor allem auf der Westseite. Die Buche zeigt ein ähnliches Verhalten. Die Fichte ist kälteresistent und gedeiht dagegen vorzugsweise im kontinentalen Klima. Sie ist die vorherrschende Baumart des Schwarzwalds.

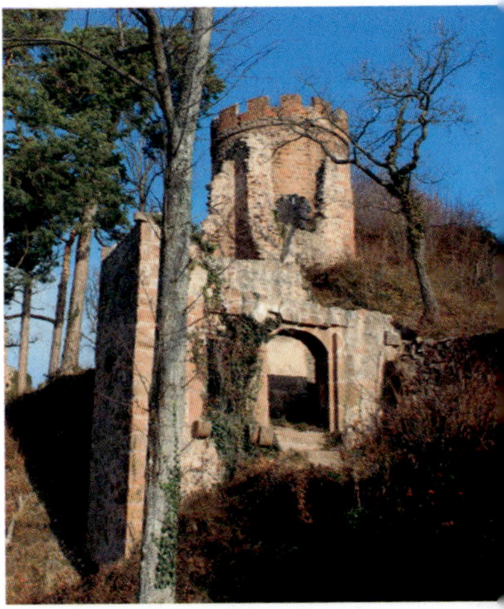

Die Burgruine Hoh-Rappoltstein

Die beiden Gebirge sind aber nicht nur wegen der erdgeschichtlichen Vorgänge und der klimatischen Verhältnisse verschieden. Auch die Eingriffe des Menschen haben ihr Bild verändert. Die Vogesenkämme wurden schon ab dem 11. Jh. beweidet und waren die Grundlage der Milch- und Käseproduktion mit ihren zahlreichen Melkereien. So erklärt sich die Entstehung der lang ausgedehnten Hochweiden (Hautes Chaumes), welche die Landschaft der Südvogesen prägen. Daran waren die Klöster entscheidend beteiligt, welche für die Besiedlung und die Bewirtschaftung der Vogesen eine Vorreiterrolle spielten. Der Hochschwarzwald blieb bis ins Hochmittelalter weitgehend unerschlossen. Im 17./18. Jh. erlitt der Schwarzwald eine systematische

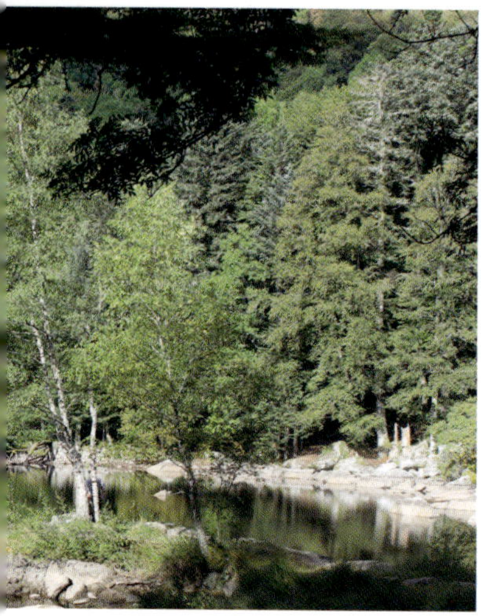

Fischbödlesee bei Mittlach

Waldzerstörung, um die zahlreichen Hüttenwerke, Köhlereien und die Glasindustrie mit Holz zu versorgen. Flößer haben Baumstämme des Schwarzwalds über die Nebenflüsse und den Rhein bis nach Holland transportiert. Aufgeforstet wurde im 19. Jh. mit der Fichte. In den Vogesen gab es keinen vergleichbaren Eingriff in die Wälder. Bis heute sind Edeltannen und Buchen vorherrschend. Die Beschreibungen der einzelnen Wanderungen gehen – wo es der Anlass gebietet – auf diese humangeografischen Aspekte ein.

Auch die Geschichte hat diese Landschaft geprägt. Wohl in keiner Landschaft Mitteleuropas gibt es auf so engem Raum so viele Burgen. Das »Elsässische Burgenlexikon« von Felix Wolff (1908) führt 300 Burgen auf! Zahlreiche Klöster haben sich im Elsass angesiedelt, viele ehemalige freie Reichsstädte sind Zeugen seiner Geschichte, um nur einige Aspekte zu nennen.

Südvogesen

Die vorherrschende Bergform der Südvogesen ist die »Ballonform«. Granite und Grauwacke bildeten infolge ihrer gleichmäßigen Verwitterung flach gewölbte Kuppen. Aus Granit bestehen alle Erhebungen des Hauptkamms wie der Hohneck, der Ballon d'Alsace (Elsässer Belchen), auf den Seitenkämmen der Petit Ballon (Kleiner Belchen) oder der Brézouard. Im Gegensatz dazu stehen die wenigen Sandsteinberge, denen man auf der Hohkönigsburg oder dem Großen Hohnack begegnet. Sie erscheinen als abgestumpfte Pyramiden mit langem Rücken; diese Form nimmt der Buntsandstein an, wenn er bis auf seine Unterlage durchsägt ist.

Kennzeichnend für die Südvogesen sind ferner die lang gestreckten, breiten, meist waldlosen Kämme, welche die Weideflächen bildeten und zum Teil heute noch bilden. Hier entstanden die vielen Melkereien, die von den Melkern mit ihren Herden nur im Sommer bezogen werden. Die Bewirtschaftung wurde im Mittelalter streng geregelt. Um Weideland zu gewinnen, wurden die Waldflächen durch Abholzung zurückgedrängt. In den Südvogesen überwiegt der Nadelwald. Den Abschluss der Waldregion an der Grenze zu den Hochweiden bildet meist die Buche, die in ihrem Wuchs in die Breite geht und oft nur als niederes Buschwerk entwickelt ist.

Die Täler zeigen einen weitgehend geradlinigen Verlauf nach Osten. Die Talsohle ist verhältnismäßig schmal, der obere Talbeginn ist oft von steilen, kesselartigen Steilwänden umgeben.

Die Südvogesen bilden seit 1989 einen Naturpark (Parc Naturel Régional des Ballons des Vosges). Er erstreckt sich vom Tal der Lièpvrette (Lebertal) bis nach Belfort, von der elsässischen Weinstraße im Osten bis nach Gérardmer. In der »Maison du Parc« (Naturparkhaus) in Munster sind die wesentlichen Aspekte dieses Parks dargestellt.

Dieses vielfältige Naturreich mit seinen wunderbaren Aussichtsgipfeln, mit den weiten Weideflächen als Zeugnisse einer (fast) vergangenen Kultur der Milchwirtschaft, mit den östlichen Steilabfällen, Karen und Karseen, mit den zauberhaften Tälern mit Wasserfällen und wilden Gebirgsbächen und nicht zuletzt die kulturgeschichtlichen Kleinode wie Burgen, Kirchen, Klöster und Orte machen die Südvogesen zu einer der eindrucksvollsten Landschaften Europas. Und diese erschließt sich vor allem beim Wandern.

Hinweise zur Tourengestaltung

Auswahl der Wanderungen

Unter den zahllosen Möglichkeiten der Tourengestaltung in den Südvogesen wurde eine Auswahl nach folgenden Gesichtspunkten getroffen: Zum einen werden die hohen Berge wie der Grand Ballon, der Ballon d'Alsace oder der Hohneck wegen ihrer großartigen Sicht vorgeschlagen; zum anderen Berge, die wenig bekannt sind und reizvolle Ausblicke bieten oder in einer besonders schönen Landschaft liegen. Dazu gehören u.a. die Tête des Faux, der Brézouard sowie der Sérichamp. Schließlich bestimmten die Auswahl aber auch kulturkundliche Aspekte: Wallfahrtsorte wie der Schauenberg

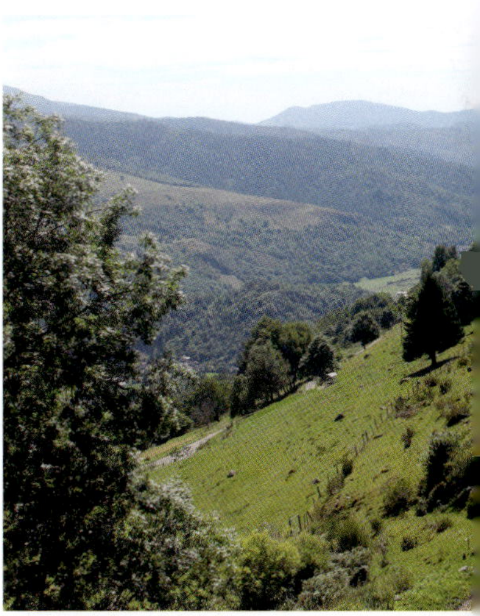

Sicht auf das Tal der Thur

und Kloster St. Marc (St. Markus), der Königstuhl mit Riquewihr und der Alexiuskapelle sowie die Tête des Faux und der Collet du Linge wegen der besonderen Militärarchitektur, um nur einige Beispiele zu nennen.

Mit wenigen Ausnahmen beginnen die Wanderungen im Tal; es wird also nicht mit dem Auto auf die Vogesenkammstraße gefahren und dort auf der Höhe gewandert. Somit stellen die meisten Routen den Anspruch an den Wanderer, 600 bis 1200 Höhenmeter zu überwinden. Er erfährt beim Durchwandern der verschiedenen Höhenstufen auch die Schönheit der Täler, der Gebirgsbäche und Wasserfälle sowie die Variation in der Vegetation.

Aufbau des Wanderbuchs

Ein Vorspann erwähnt die Besonderheiten der Wanderung und begründet, warum es sich lohnt, das Wanderziel anzustreben. Eine knappe Übersicht zeigt die Stationen der Wanderung vom Ausgangspunkt bis zur höchsten Erhebung (Aufstieg) und die Stationen des Abstiegs bis zum Ausgangspunkt. Für Auf- und Abstieg sind die Gehzeiten angegeben sowie die Höhenmeter insgesamt und die Entfernung. Im Text sind die Stationen in Fettdruck aufgeführt. Auf eine Klassifizierung der Wanderungen in leicht, mittel und schwer wird verzichtet. Die Anforderungen ergeben sich aus den Höhenmetern und der Gehzeit.

Im Text ist die Wegführung genau beschrieben. Wo die Wegzeichnung des Vogesenclubs eindeutig ist, weist er auf die Zielangabe und das Wegzeichen auf den Wegweisern hin, vor allem wenn sich das Zeichen während einer Strecke ändert. Bei Zweifel oder fehlendem Zeichen wird die Route präzise erklärt. Der Vogesenclub hat die Wegzeichnung in den letzten Jahren in vorbildlicher Weise stets verbessert. Dennoch ist das System für den deutschen Wanderer ungewohnt, denn es gibt unterschiedliche Formen (Punkt, Raute, Rechteck, Kreuz, Dreieck usw.), und diese in allen möglichen Farben. Die Formen geben einen Hinweis auf die Art des Wanderwegs (z. B. Rechteck für Fernwanderweg oder Dreieck für Zugangswege). Dies hat zur Folge, dass sich die Wegzeichen auf einer Route (z. B. Metzeral – Kleiner Belchen) mehrfach ändern. Jeder Wanderung ist zur Orientierung ein Kartenausschnitt mit dem jeweiligen GPS-Track beigefügt.

In farblich abgesetzten Kästen werden die natur- und kulturkundlichen oder andere Besonderheiten erläutert, welche die Tour berühren. Sie sind von der reinen Wanderbeschreibung abgesetzt, um deren Lesbarkeit nicht zu beeinträchtigen.

Orientierung

Auf die Darstellung der Anfahrt zum Ausgangspunkt der jeweiligen Wanderung wurde meist verzichtet. Ein

Navigationssystem im Auto oder die vorzügliche Michelin-Karte »Vosges« übernimmt diese Funktion. Eine Anfahrt mit der Bahn ist nur bei wenigen Touren möglich und dann sehr umständlich.

Die Tourendarstellung mit Karte und GPS-Track sollte eigentlich genügen, um sich gut orientieren zu können. Auf der Internetseite des Silberburg-Verlags (verlagshaus.de/gps_tracks_1054_1054.html) stehen die GPS-Daten zum Download bereit. Sie müssen dazu das letzte Wort (ohne Satzzeichen) auf Seite 110 als Passwort eingeben und dann auf »Download starten« klicken.

Trotz dieser Unterstützung wird empfohlen, eine Karte des Vogesenclubs mitzuführen. Die Karten im Maßstab 1:25 000 sind vorzüglich und werden ständig überarbeitet (Club Vosgien 16, rue Ste-Hélène F-67000 Strasbourg). Es gibt aber auch Karten im Maßstab 1:50 000.

Anforderungen und Empfehlungen

In den Vogesen geht man meist auf Pfaden, was das Wandern reizvoll macht. Im Gegensatz zum Schwarzwald sind Waldfahrstraßen oder gar geteerte Straßen als Wanderweg selten ausgewiesen. Die Pfade können besonders auf der Ostseite der Vogesen sehr steil und steinig sein. Daher sollte man auf gutes Schuhwerk achten. Viele haben alpinen Charakter und verlangen besonders beim Abstieg sehr große Aufmerksamkeit.

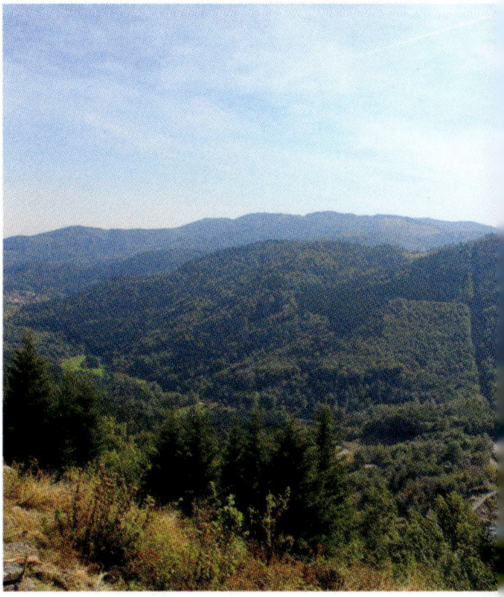

Der Alfeldsee

Bekannt hierfür ist der Bergsteig Sentier des Roches (Felsenpfad). In Notfällen ist die Bergwacht unter 112 erreichbar.

Da fast alle Wanderungen im Tal beginnen und einen Aufstieg zwischen 600 und 1200 m verlangen, ist eine gute Kondition Voraussetzung für die meisten der vorgeschlagenen Routen.

Es empfiehlt sich, selbst für die Verpflegung zu sorgen. Am Wochenende sind die beliebten Fermes-Auberges oft überfüllt, falls sie mit dem Auto angefahren werden können. Es sei auf das Buch von K.-J. Grosse, »Bergwirtschaften in den Vogesen« (2016), verwiesen. Berggaststätten am Wanderweg werden erwähnt und sind außerdem der Vogesenkarte zu entnehmen.

1

Taennchel

Thannenkirch – Rotzel – Reinoldstein – Les Trois Grandes Tables (Die drei großen Tische) – Rocher Haut (Hochfelsen) – Rocher des Reptiles (Reptilienfelsen) – Rocher des Géants (Riesenfelsen) – Rocher Pointu (Spitzfelsen) – Thannenkirch

Le Taennchel (Tännchel) ist ein ausgedehntes, etwas mysteriöses Bergmassiv, das zwischen dem Lebertal und dem Strengbachtal hinter Ribeauvillé (Rappoltsweiler) einen großen Dreiangel mit Höhen bis 1000 m bildet. Seine Fläche beträgt 1000 ha und ist als »zone de tranquillité« (Ruhezone) ausgewiesen. Deren Südspitze ist der Taennchel antérieur (vorderer Tännchel) mit 901 m. Die Westspitze ist der Ramelstein mit 992 m. Zwischen diesen beiden Punkten liegt eine Reihe imposanter Felsgebilde. Man nennt sie Galerie des Rochers (Felsengalerie). Die Höhenlagen mit wundervoller Aussicht und diese bizarren Felspartien lohnen den Ausflug.

- **Ausgangspunkt** *Thannenkirch*
- **Aufstieg** *3 Std.*
- **Abstieg** *2 Std.*
- **Gesamtzeit** *5 Std.*
- **Höhenunterschied** *450–980 m*
- **Länge** *17 km*
- **Karte des Vogesenclubs** *Sélestat, Ribeauvillé 3717 OT*

Bei dieser Wanderung beginnen wir in ❶ **Thannenkirch** (420 m), das ist ein etwas verträumter Luftkurort in einem abgelegenen Hochtal. Man lässt den Wagen auf dem Parkplatz an der Kirche stehen. Auf der anderen Straßenseite ist eine Tafel mit allen möglichen Wanderzielen und Wegzeichen angebracht. Das erste Nahziel ist Rotzel. Maßgeblich ist hier das blaue Kreuz, das zuverlässig in etwa 15 Minuten durch den Ort führt. Die geteerte Straße endet an einem Holzplatz, wo auch der Wegweiser *Rotzel – Refuge* (Schutzhütte), *Taennchel* angebracht ist. Wir steigen ein anmutiges Tal hinauf – immer dem blauen Kreuz folgend. Auf den Wiesen stehen unzählige Kirschbäume. Daher ist die Wanderung während der Kirschblüte besonders

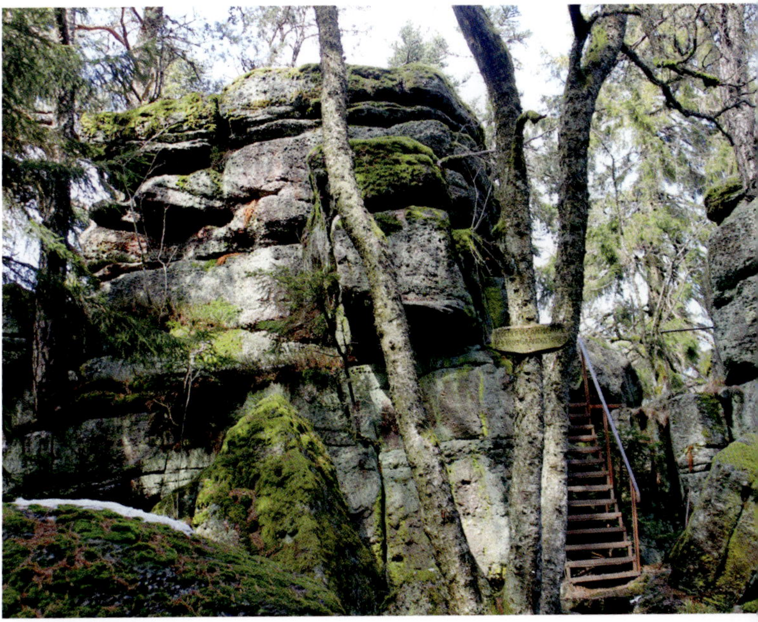

Die drei großen Tische

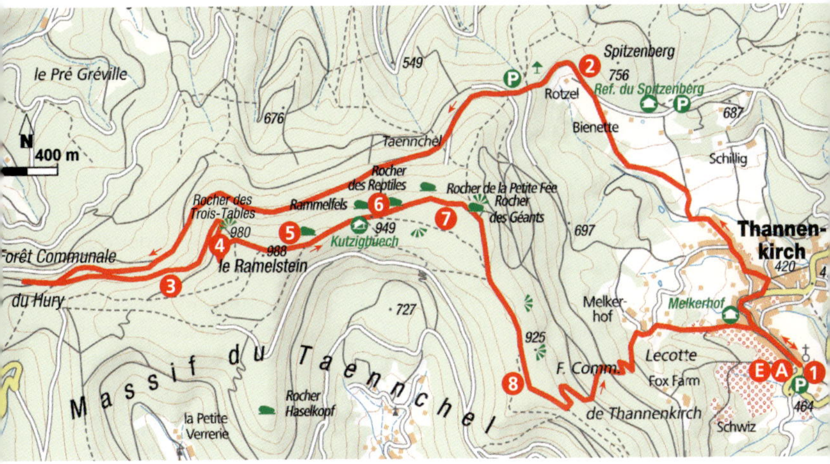

zu empfehlen. Der Weg mündet auf einen quer verlaufenden Fahrweg. Wir gehen nach links dem Wegweiser *Rotzel, Taennchel, Hury* folgend (ab jetzt ein rot-weiß-rotes Rechteck). Vom Kamm bietet sich ein sehr schöner Blick auf Thannenkirch, die Rheinebene, den Schwarzwald sowie den Kaiserstuhl. Wir erreichen dann ❷ **Rotzel** (726 m), eine größere Waldlichtung mit einer Wegkreuzung und einer Schutzhütte.

Wir gehen geradeaus in westlicher Richtung weiter, kommen nach etwa 100 m an eine Weggabelung und halten uns links, nach dem Wegweiser *Croix de Ribeauvillé, Hury, Abri Kutzigbuech* richtend (rot-weiß-rotes Rechteck). Der bequeme Waldfahrweg zieht sich leicht ansteigend am Nordhang des Tännchels entlang. Vereinzelt hat man eindrucksvolle Ausblicke in das Lebertal, und im Nordwesten ragt der Climont über den nördlichen Bergkamm dieses Tals empor. Der Weg senkt sich einige Höhenmeter ab, bis nach links ein Pfad mit dem Wegweiser *Croix de Ribeauvillé* (gelbes Dreieck) abzweigt. Wir wandern auf diesem eben am Hang hinführenden Pfad weiter, der an einer von rechts emporsteigenden Waldfahrstraße endet. Dort steht der Wegweiser *Taennchel* (rotes Rechteck, blaues Kreuz), der nach links weist und nach dem wir uns richten. Von diesem Weg zweigt ein Pfad ab mit dem Wegweiser *Taennchel sommet* (Gipfel), und wir erreichen alsbald unser nächstes Ziel, den ❸ **Reinoldstein** (980 m). Er liegt in einer weiten, mit Bäumen bestandenen und mit Felsen bestückten Hochebene und bietet keinerlei Aussicht.

Wir schlagen nun den Weg zur Felsengalerie gemäß dem Wegweiser *Abri Kutzigbuech, Hütte* (GR 532, gelbes Rechteck) ein, der Hauptattraktion der Wanderung. Wir erreichen zunächst ❹ **Les Trois Grandes Tables** (Die drei großen Tische oder Ringfelsen), eine ungeheure aufgetürmte Masse von Felsblöcken, durch tiefe Spalten getrennt, die mit fast

Thannenkirch

Der Ort Thannenkirch, am Südostrand des Tännchelmassivs gelegen, hat seinen Ursprung in einer Einsiedelei aus dem 13. Jh., die unter dem Schutz der Patronin St. Anna stand. Der Kern des Dorfes wurde durch Holzfäller und Köhler aus Lothringen begründet, die sich dort niederließen. Einige Ortsbezeichnungen geben noch heute Zeugnis von ihrem Dialekt. 1470 übernahmen die Herren von Ribeaupierre (Rappoltstein) die Herrschaft über das Dorf »St. Annekirch«. Im 17. Jh. wird der Ort noch mit der Bezeichnung d'Annakirch geführt. Durch eine etymologische Verfälschung wurde daraus später Thannenkirch, das heute, eingebettet in einen immensen Obstgarten, ein beliebter Luftkurort mit leicht verblichenem Glanz ist.

ebenen breiten Platten abgedeckt sind. Sie geben so das Bild von Riesentischen ab und sind als wahres Felsenwunder zu bestaunen. Man kann mittels einer eisernen Leiter und Eisenhaken auf ihnen herumsteigen, den jähen Abfall nach Westen hinunterschauen und den Ausblick über die wallenden Bergzüge genießen. Auf der Spitze des Felsens ist – ein Scherz im Anklang an die Ringsagen der Vogesen – ein eiserner Ring angebracht, an dem einst die Schiffe anlegten, als das Rheintal noch einen großen See bildete. Ein Witzbold hat die Inschrift angebracht (übersetzt): Die Rettung des Noah bei der Sintflut J. J. Becker 1879.

Wir bleiben – immer zwischen 900 und 1000 m – weiter auf dem Kammweg, statten dem 5 **Rocher Haut** (Hochfelsen, 949 m) einen Besuch ab, genießen wieder die Aussicht und gelangen zum 6 **Rocher des Reptiles** (Reptilienfelsen). Man könnte ihn auch Echsenfelsen nennen, denn auf einem nach Norden hin steil und wohl 200 m tief abfallenden Felsplateau liegen kreuz und quer verteilt drei einige Meter

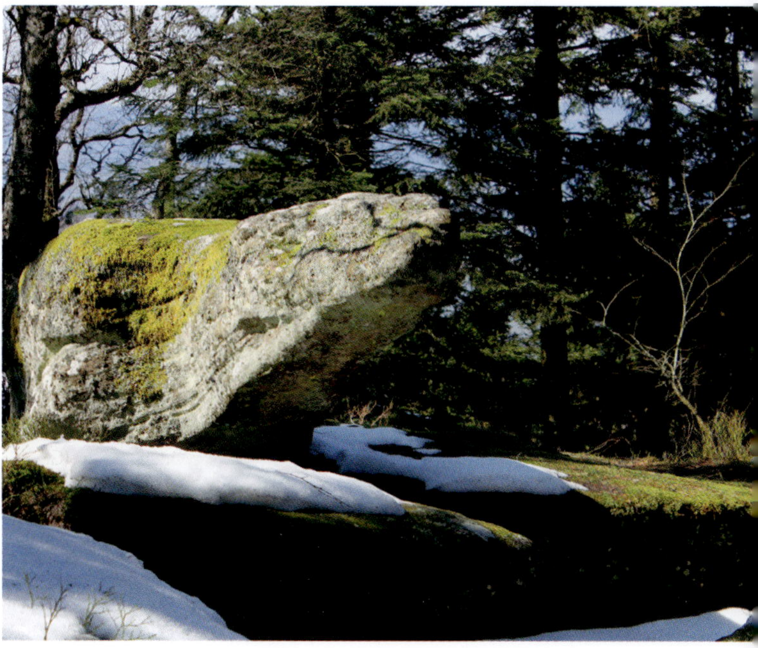

Der Reptilienfelsen

lange Steingebilde. Sie gleichen urzeitlichen Riesenechsen, die sich aus dem Eiszeitmeer zur behäbigen Sonnenruhe ins Gebirge abgesetzt haben. Eine prächtige Aussicht hat man von dort oben. Drunten im Lebertal sieht man Sainte-Croix (St. Kreuz) sowie Lièpvre (Leberau) und im Hintergrund wieder den Climont.

Ein weiterer Höhepunkt der Galerie ist der 7 **Rocher des Géants** (Riesenfelsen). Von ihm hat man eine weite Aussicht nach Norden sowie nach Osten hin. Der Pfad, der an der Felsengalerie vorbeiführt, hat noch einen besonderen Reiz: Bizarre Fichten lassen ihre Äste bis weit auf den Boden herunterhängen, am Boden liegen Baumruinen herum, der Grund ist weich und moorig. Man kommt sich vor wie in einem Urwald.

Am Ende der Felsengalerie, an einem von Baumwuchs fast freiem Hang, hat man eine herrliche Aussicht: Hohkönigsburg, Dambacher Berg mit der Ruine Ortenberg,

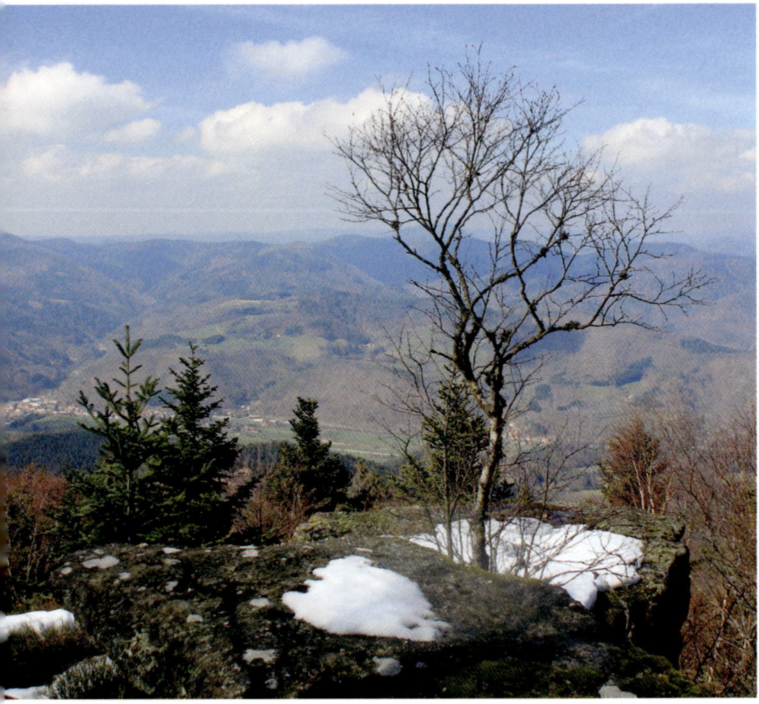

Blick ins Lebertal

Bergheim
Die Rückfahrt führt direkt in das mittelalterliche Städtchen Bergheim, dessen einstige Wehrmauer noch gut instand ist. Man parkt vor dem Obertor mit schönem Steildach aus farbig glasierten Ziegeln und mit Laternen. Es empfiehlt sich zunächst ein Rundgang entlang der Mauer auf der *Rue des Remparts* (Wallstraße). Die Mauer hat mehrere alte Türme. Besonders lohnt sich die Besichtigung des alten Marktplatzes, der abseits nördlich der Hauptstraße liegt. Malerische Häuser, meist Fachwerkbauten, umsäumen den lang gestreckten Platz. Dessen Mittelpunkt bildet an der Nordseite das barocke Rathaus von 1776 mit reizvollem Giebel und Türmchen. Die Kirche, ursprünglich eine dreischiffige gotische Basilika, wurde 1768 verändert. Neben ihr steht das ehemalige Beinhaus.

das Weiler Tal, links daneben der Schlossberg mit der Ruine Frankenburg sowie im Hintergrund der Ungersberg.

Am Riesenfelsen führt der Weg nach rechts gemäß dem Wegweiser *Rocher Pointu* (rot-weiß-rotes Rechteck, roter Kreis). Er verläuft parallel zur sogenannten Heidenmauer (Mur payen). Sie ist aus kleinem Steinmaterial geschichtet und 2,3 km lang. Diese ist auch kaum eine prähistorische Verteidigungsmauer,

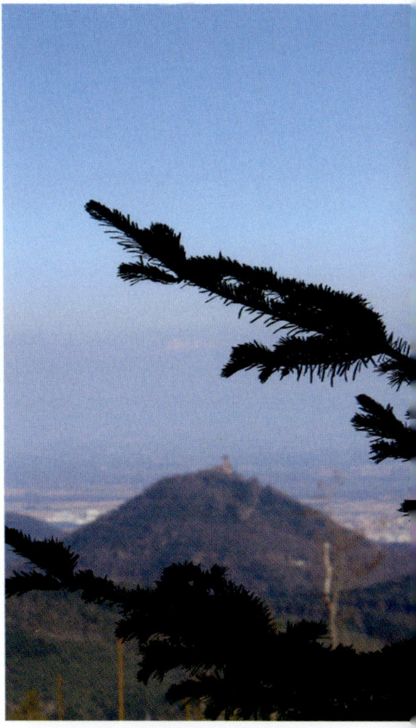

Sicht auf die Hohkönigsburg

sondern eine alte Grenzmarkierung zwischen dynastischen Territorien aus jüngerer Zeit. Wir kommen nun am 8 **Rocher Pointu** (Spitzfelsen) vorbei. Er streckt seine riesige Nase bergab und hat verblüffende Ähnlichkeit mit der Karikatur von Charles de Gaulle. Kurz danach gelangen wir auf ebenem Weg im Wald an eine Kreuzung und sehen links den Wegweiser *Thannenkirch* (gelbes Kreuz), der uns auf einem steil bergab führenden Serpentinenpfad zur Kirche von Thannenkirch zurückgeleitet.

2

Brézouard

Echery (Glockenturm) – Chauffour – Baraque de l'Étoile – Brézouard (Gipfel) – Auberge du Haïcot – Le Rain de l'Horloge (Glockenturm-Hangweg) – Echery

Südwestlich von Ste.-Marie-aux-Mines (Markirch) beherrscht der 1229 m hohe Rücken des Brézouard die Vogesenbergwelt. Im 15. bis 17. Jh. wurde in jener Gegend Bergbau betrieben, daher der Name »Hl. Maria zu den Gruben«. Urzelle des Silber- und Bleiabbaus war jedoch Echery (Eckerich) im Rauenbachtal, wo die Wanderung beginnt. Schon Auf- und Abstieg gewähren schöne Ausblicke in die Täler des Rauenbachs und der Leber. Großartig ist jedoch die Sicht vom Brézouard selbst, der einen Rundblick nach Süden, Osten und Norden gewährt – bei klarer Sicht zu den Nordvogesen, zum Schwarzwald hinüber und zu den Alpen. Wir begegnen aber auch auf diesem Berg den Spuren der Kämpfe im Ersten Weltkrieg.

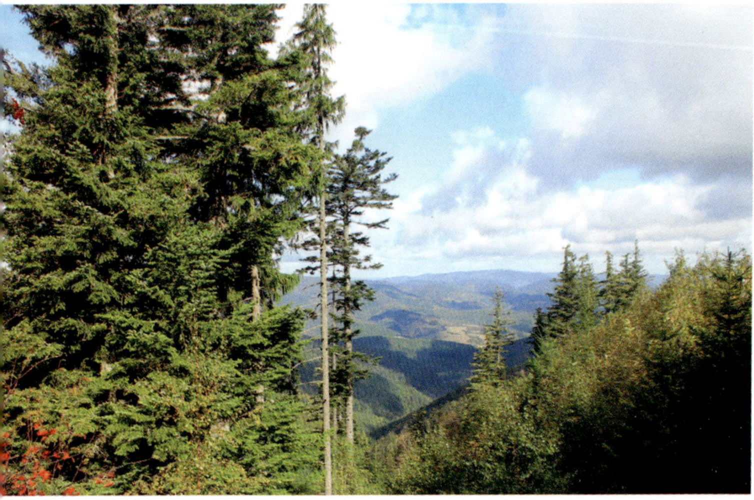

Blick vom Brézouard

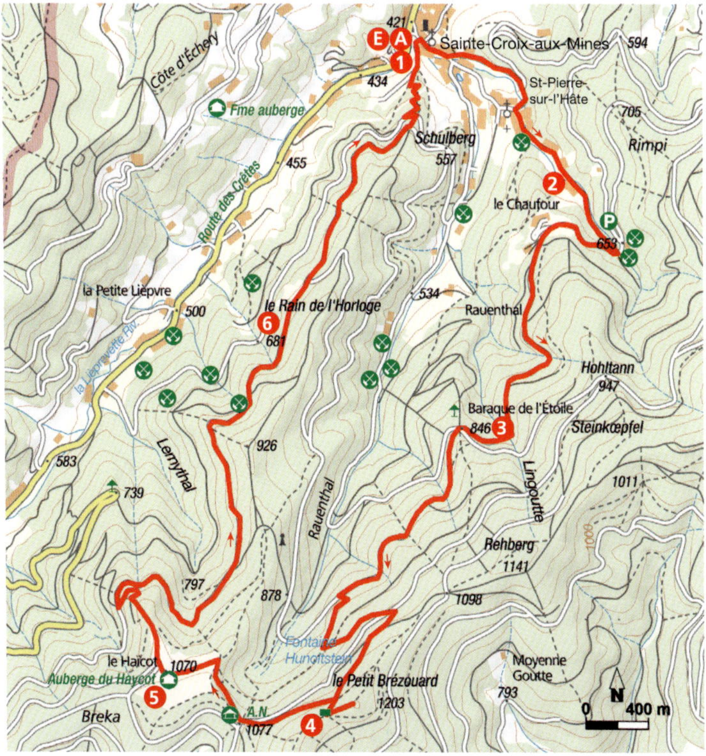

- **Ausgangspunkt** *Echery*
- **Aufstieg** *3 Std.*
- **Abstieg** *2,5 Std.*
- **Gesamtzeit** *5,5 Std.*
- **Höhenunterschied** *425–1229 m*
- **Länge** *18 km*
- **Karte des Vogesenclubs** *Ste.-Marie-aux-Mines 3617 ET*

In ❶ **Echery** parken wir den Wagen unmittelbar beim Zeitglockenturm mit der »Horloge« (Turmuhr), einem Wahrzeichen des Dorfes. Er ist gut sichtbar, wenn man die D48 von Ste.-Marie-aux-Mines kommend verlässt. Dort ist auch der Wegweiser *Brézouard* mit dem roten Punkt, welcher uns bis kurz vor den Gipfel des

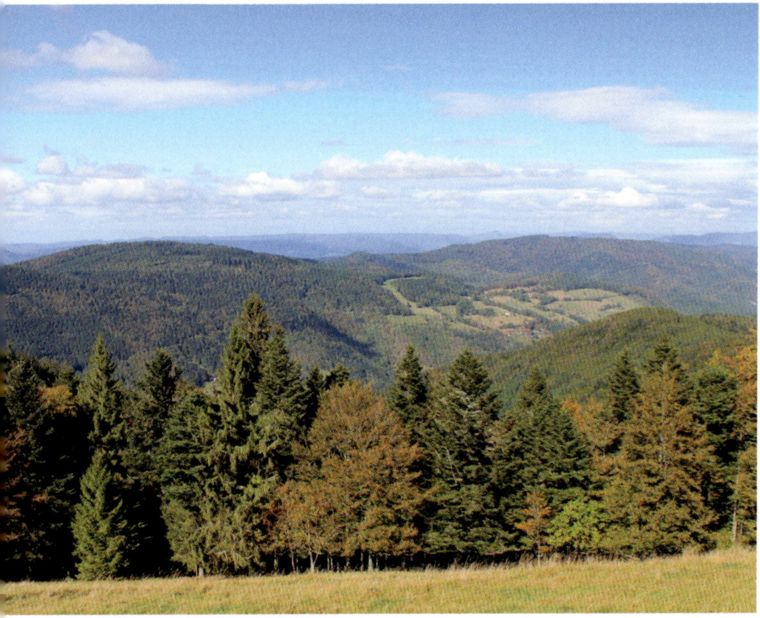

Beim Aufstieg auf den Brézouard

Brézouard führt. Wir gehen die Straße hinauf zur von Weitem sichtbaren Kirche St.-Pierre-sur-l'Hâte (St. Peter auf Zillhardt). Nun beginnt der Aufstieg zu unserem ersten Ziel: ❷ **Chauffour.** Dies war im Mittelalter ein Gutshof der Herren von Rappoltstein mit großer Schafzucht – daher auch »Schafhaus« genannt. Heute ist es eine Ferienkolonie. Wir wandern auf einem bequemen Waldfahrweg weiter zum nächsten Ziel, der ❸ **Baraque de l'Étoile,** einem Waldplatz mit einer Schutzhütte am Hang. Bevor sich die Waldstraße absenkt, weist uns das Schild *Brézouard* mit dem roten Punkt links auf einen schmalen Bergpfad, der sich den Hang hinaufwindet und einige Trittsicherheit verlangt. Er geht über in einen gut begehbaren Serpentinenweg, bis kurz vor dem »Abri« (Schutzhütte des Vogesenclubs von 1926) das Wegzeichen wechselt (rotes Rechteck GR 532). Von dem Steinhaus steigen wir dann nach links zu einem Gipfel des ❹ **Brézouard** hoch (der Berg ist zweigipflig) und genießen die gewaltige Rundumsicht, die nur nach Westen hin durch einen Wald versperrt ist. Über den Gipfel lief die

Kampflinie im Ersten Weltkrieg. Reste von Schützengräben und Befestigungen sind noch sichtbar.

Vom Gipfel gehen wir zurück zur Hütte und zur Gabelung, wo uns das rote Rechteck den Weg gewiesen hat (ca. 150 m). Am Beginn der abwärts führenden Waldfahrstraße ist links der Wegweiser *Auberge du Haïcot* angebracht (rot-weiß-rotes Rechteck), das ist unser nächstes Ziel. Wir gelangen an einen großen Platz (Le Plat) mit einem kleinen »Refuge« (Schutzraum). Zur Rechten sehen wir den Wegweiser *Echery* (rot-weiß-rotes Rechteck) und dann 20 m weiter einen Wegweiser *Auberge du Haïcot* (ohne Zeichen).

Bergbau

Die Ausbeutung der Silbererze im Tal von Zillhardt begann bereits im 10. Jh. Bergleute waren die Mönche des Benediktinerklosters unter der Leitung des Klosters von Moyenmoutier.

Die Blütezeit des Bergbaus auf Silber, Blei und Kupfererze im Lebertal währte von 1450 bis 1633. Im 16. Jh. waren rund 3000 Bergleute dort beschäftigt, förderten 1,5 t Reinsilber im Jahr und prägten zunehmend die Kultur des »Val d'Argent« (Silbertals). Geologische Veränderungen im Berg durch Wassereinbrüche, vor allem im wasserreichen Rauental, haben die Schürfungen unrentabel werden lassen, sodass man den Bergbau einstellen musste. Um 1700 zählte man 200 Schächte und 300 km Stollen. Noch einmal versuchte der »Markircher Berg- und Hüttenverein« 1897 den Abbau der Silber- und Bleilager aufzunehmen, doch ohne den erhofften Erfolg. Als Prunkstück des einstigen Bergbaus wird noch heute im Sommer die 1522 eröffnete Silbermine St. Barthélemy (Mine d'Argent St. Barthélemy) für Besucher geöffnet.

Die Kernzelle des Bergbaus in jener Gegend war jedoch Echery. Auch dort zeigen sich Reste des Bergbaubetriebs. In den Bergen ringsherum sind zahlreiche stillgelegte Gruben zu sehen. Auf besonders ausgezeichneten Bergbaupfaden kann man ihnen nachgehen. Im Ort selbst stehen noch einige alte Häuser, eines mit Wendeltreppenturm, einige mit Erkern. Auf dem Friedhof im Ortsteil Zillhardt sind Gräber von Bergleuten zu finden. Betritt man den Kirchhof durch den Torbogen von 1531, so findet man gleich zur Linken einen Grabstein mit den Bergmannssymbolen der gekreuzten Hämmer. Auf der Rückseite des verwitterten Steins ist ein »Glückauf« lesbar.

Der Zeitglockenturm (15./16. Jh.) am Talausgang diente als Gerichtsgebäude und Gefängnis für Bergleute. In ihm war aber auch die Bergmannskasse untergebracht. Er ist das Wahrzeichen des Tals.

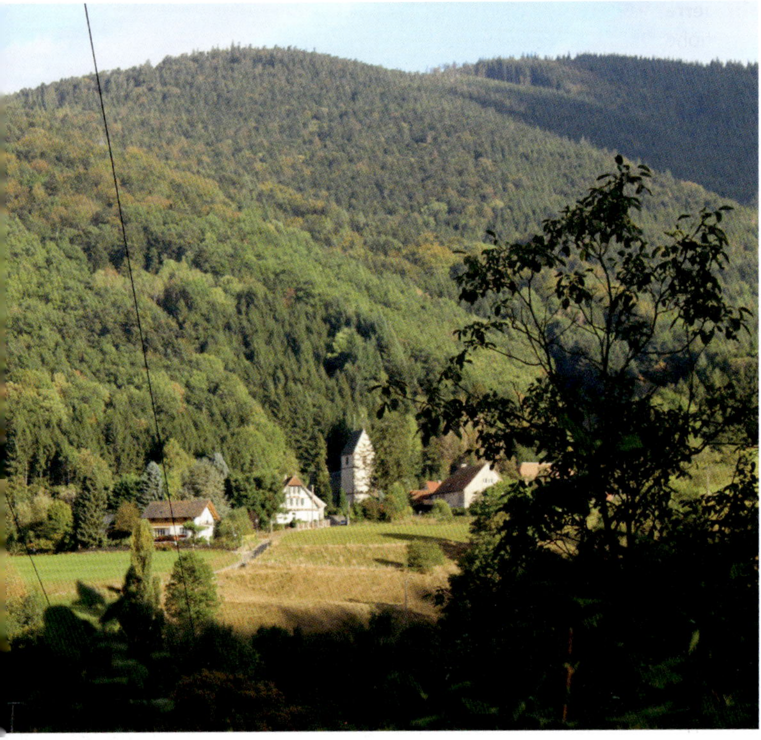

Die Kirche St.-Pierre-sur-l'Hâte

Wir wandern vorbei am Naturfreundehaus, einem Fachwerkhaus, das man schon beim Aufstieg durch die Bäume entdecken konnte. Dann kommen wir an eine Weggabelung und folgen dem Wegweiser *Le Rain de l'Horloge* (mit gelbem Kreuz). Dabei handelt es sich um einen Hangweg, der oberhalb des Tals der Lièpvrette (Lebertal) vom Col des Bagenelles direkt zum Glockenturm von Echery führt. Die Wegweisung ist ab hier etwas uneinheitlich (mit gelbem Kreuz, später mit rot-weiß-rotem Rechteck oder mit beiden Zeichen). Das ist unerheblich, da wir auf dem so gezeichneten Weg in jedem Fall die 5 **Auberge du Haïcot** (auch Haycot) erreichen, ein auf Bergwiesen stehendes Gasthaus mit Terrasse und herrlicher Sicht auf die Bergkämme im Norden und Nordosten. Auch an der Auberge finden wir den Wegweiser *Le Rain de l'Horloge*.

St.-Pierre-sur-l'Hâte

Der höher gelegene Ortsteil Zillhardt birgt ein Kleinod: Die auf eine frühe benediktinische Klostergründung zurückgehende Kirche St. Peter auf Zillhardt (St.-Pierre-sur-l'Hâte). Sie wurde zwischen dem 13. und 16. Jh. erbaut. Der romanische Glockenturm (13. Jh.) mit dem schon gotischen Eingangsportal trägt ein Satteldach. Der dreiseitig geschlossene gotische Chor aus dem 16. Jh. ist gegenüber dem Mittelschiff erhöht. Gut erhalten ist die 1604 eingebaute, drei Viertel des Kirchenraums überspannende Empore aus derbem Holzwerk.

Absteigend von der Auberge, überqueren wir eine geteerte Fahrstraße und sehen schon den Wegweiser *Echery, Ste.-Marie-aux-Mines* mit dem rot-weiß-roten Rechteck. Wir gehen den breiten Wanderweg hinunter, nach etwa 150 m weist ein Pfeil mit dem rot-weiß-roten Rechteck nach links auf einen Pfad mit Serpentinen. Diesen Pfad gehen wir nun immer dem Zeichen folgend hinunter, bis er auf eine breite Waldfahrstraße stößt. Dort sehen wir rechts an einem Baum ein Wegzeichen mit blauem Punkt. Wir befinden uns jetzt auf **6 Le Rain de l'Horloge,** gehen also nach rechts. (Es gibt auch ein Zeichen mit Pfeil nach links, der jedoch zum Col des Bagenelles weist). Ein Wegweiser mit der Aufschrift Echery ist nicht angebracht. Aber wir gehen die bequeme Waldfahrstraße in nordöstliche Richtung leicht bergab – immer oberhalb des Tals der Lièpvrette mit schönen Ausblicken auf das Tal und die gegenüberliegenden Bergkämme. Erst viel später stoßen wir auch auf einen Wegweiser *Echery, Ste.-Marie-aux-Mines.*

Schließlich zweigt deutlich sichtbar ein Pfad nach links ab, mit dem Wegweiser *Echery, Ste.-Marie-aux-Mines* (mit gelbem Kreuz). Er führt im Zickzack alsbald direkt hinunter zum Glockenturm in Echery.

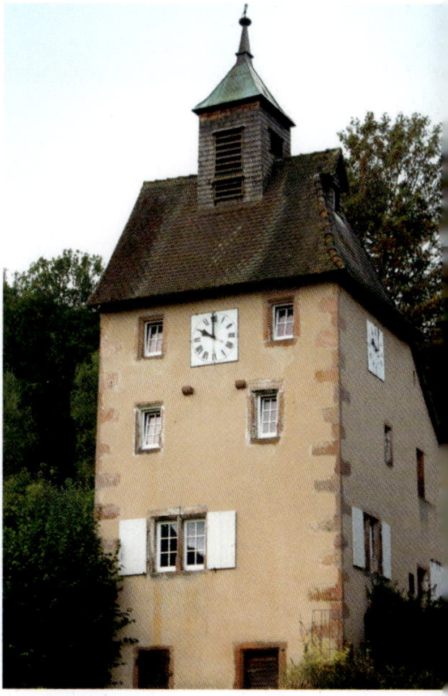

Der Glockenturm in Echery

3

Rappoltsweiler Burgen

Ribeauvillé (Rappoltsweiler) – Ulrichsburg – Girsberg – Hoh-Rappoltstein – Ulrichsburg – Notre-Dame de Dusenbach – Ribeauvillé

»Drey Schlösser auf einem Berge,
Drey Kirchen auf einem Kirchhoffe,
Drey Städte in einem Tal,
Ist das ganze Elsaß überall.«

Matthäus Merian (1663) zitiert so den alten Spruch, der im Elsass bis heute bekannt ist. Mit den drei Schlössern, so führt er aus, seien die »Rappoltzweyler« gemeint. Die drei Kirchen lagen in Reichenweier, die drei Dörfer sind Kaysersberg, Ammerschweier und Kienzheim. Die drei Schlösser heißen Groß-Rappoltstein (heute Ulrichsburg, nach dem hl. Ulrich benannt), Girsberg und hoch oben die Hoh-Rappoltstein (640 m), auch als Altkastel bezeichnet. Diese nahe beieinanderliegenden Burgen imponieren durch die außergewöhnliche Lage am Osthang der Vogesen, die Ulrichsburg durch ihre aufwendige Konstruktion auf einem Felsen mit prächtiger Sicht in die Ebene.

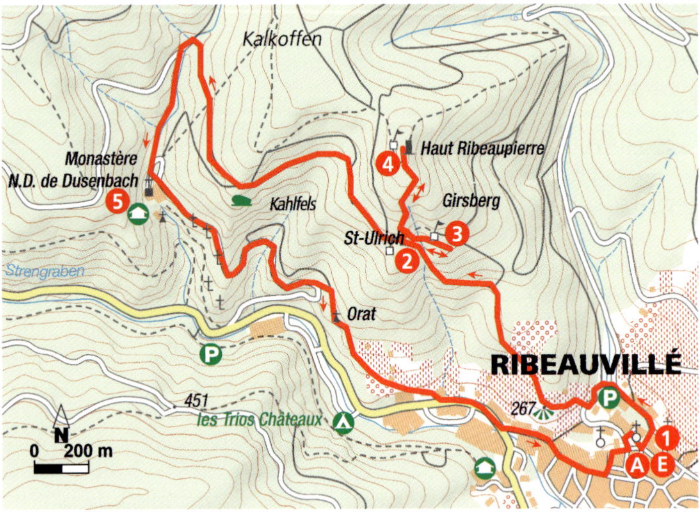

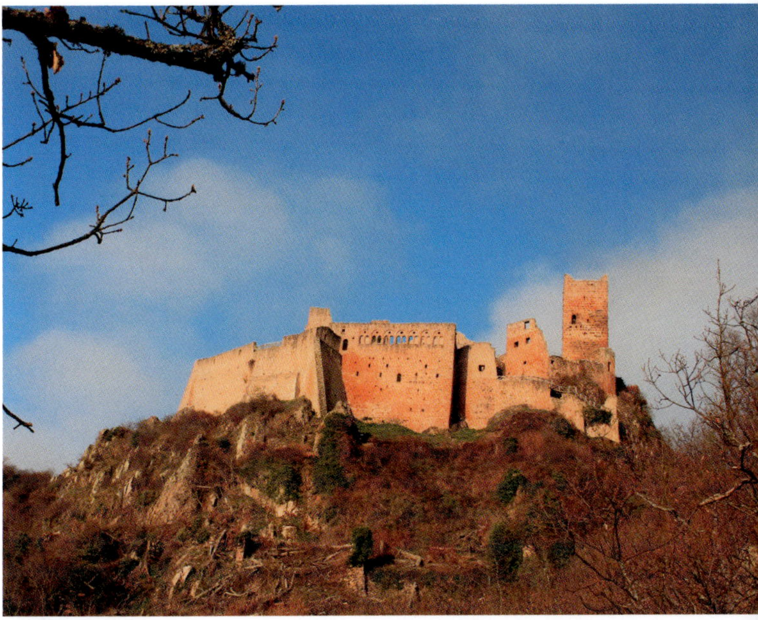

Die Ulrichsburg

- **Ausgangspunkt** *Ribeauvillé (Rappoltsweiler)*
- **Aufstieg** *2 Std.*
- **Abstieg** *2 Std.*
- **Gesamtzeit** *4 Std. (ohne Besichtigung der Burgruinen)*
- **Höhenunterschied** *220–642 m*
- **Länge** *10 km*
- **Karte des Vogesenclubs** *Colmar, Kaysersberg 3718 OT*

Ausgangspunkt der Wanderung ist ❶ **Ribeauvillé.** Man umfährt die sehenswerte Altstadt nördlich und orientiert sich an der im Westen liegenden katholischen Kirche mit ihrem dreistöckigen quadratischen Turm und spitzem Helm. Oberhalb der Kirche führt die Straße nordwestlich zu einem Freizeitsportplatz, wo man gut parken kann. Linker Hand befindet sich der Wegweiser *3 Châteaux par le vignoble.* Ein schmaler, steiniger Pfad führt durch die Reben hinauf über den Gümpelfelsen zur ❷ **Ulrichsburg** (rotes Rechteck). Neben der gewaltigen

Burganlage locken viele Details den Besucher: im Palas die zierlichen Säulen eines Eckkamins mit Würfelkapitellen, Steinornamente in Form von Blattfächern, über den sieben Südfenstern des Palas die Ornamente in abwechselnder Reihe und die Nischen mit den Sitzbänken. Die Sicht auf Ribeauvillé und die Ebene ist wundervoll.

Am Fuß der Burg weist das Schild *Château de Giersberg* (gelbes Kreuz) zur **3** **Girsberg.** Es ist eine kleine Burg, auf einer Felsklippe erbaut. Man erreicht sie in fünf Minuten. Sie gestattet nicht nur eine wunderbare Sicht ins Tal, sondern auch auf die Ulrichsburg. Selten wird man einen so eindrucksvollen und nahen Blick von einer Burg zur anderen wiederfinden. Wir gehen nun das kurze Stück zur Ulrichsburg zurück.

Am Fuß der Burg finden wir wieder den Wegweiser zur dritten Burg *Château Ribeaupierre* (Hoh-Rappoltstein), *Thannenkirch* mit rotem Rechteck. Zur Ruine **4** **Hoh-Rappoltstein** benötigt man etwa 15 Minuten und überwindet einen Höhenunterschied von 110 m. Ein Schild warnt vor dem Betreten der Ruine; den Bergfried kann man nicht mehr besteigen. Wir kehren denselben Weg zur Ulrichsburg zurück.

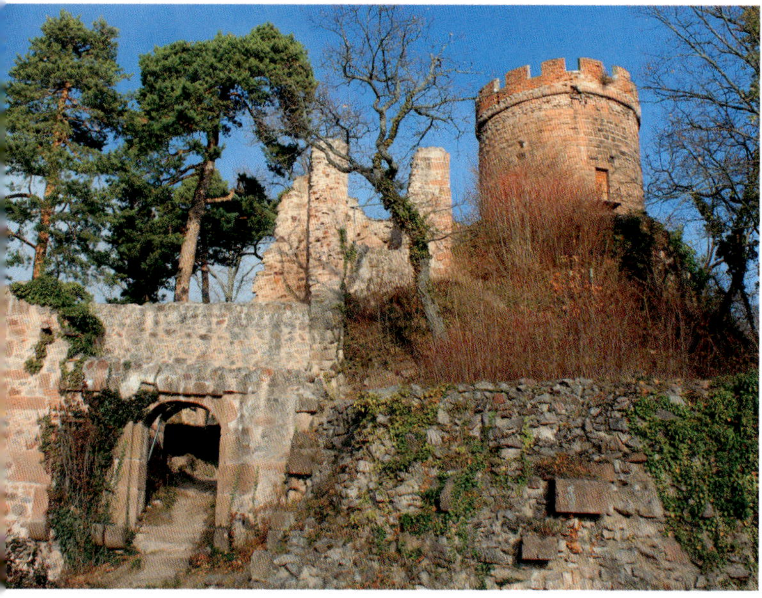

Die Burgruine Hoh-Rappoltstein

Dort zeigt der Wegweiser *Dusenbach* (gelbes Kreuz) und *Taennchel, Thannenkirch* (rot-weiß-rotes Rechteck) das nächste Ziel an: den Wallfahrtsort 5 **Notre-Dame de Dusenbach.** Für uns ist das gelbe Kreuz maßgeblich. An einem Felsen teilt sich der Weg mit den Hinweisen *Dusenbach direct* (Pfad nach links) und *Dusenbach, Pépinière.* Wir wählen die letztere Variante und gehen auf einem bequemen Waldfahrweg leicht bergab. In einer scharfen Linkskurve zweigt ein Weg links nach Dusenbach ab, gewiesen durch das Schild *Dusenbach* (blaues Dreieck). In Kürze erreicht man den

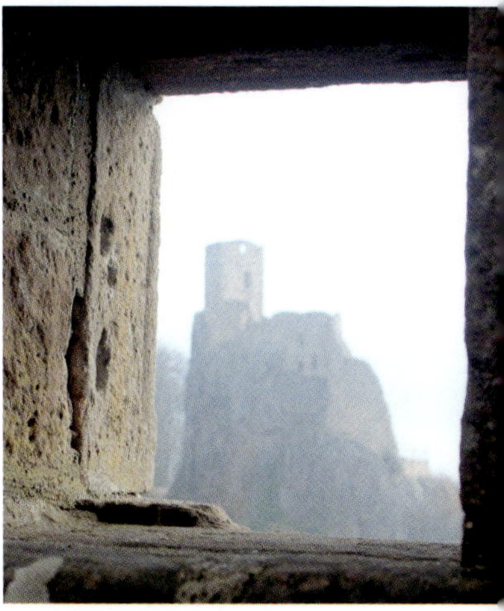

Sicht auf die Burg Girsberg

Rappoltsteiner Schlösser

Die Ulrichsburg ist das größte und besterhaltene der »Drei Schlösser«. Man kann drei Bauphasen unterscheiden: Auf den beiden Hauptfelsen ist die älteste Anlage mit dem Wohnturm aus dem 12. Jh. erbaut. Der Burgherr erweiterte sie kurze Zeit später durch Bergfried, Palas und zweiten Turm. Im 13. Jh. wurde der Palas aufgestockt und die dem hl. Ulrich geweihte Burgkapelle gebaut. Später kamen dann noch ein viereckiger Wohnturm und eine westlich gelagerte Vorburg dazu. Die Burg verfiel im 17. Jh.

Die Burg war Stammsitz der Herren von Rappoltstein. Sie waren Lehensleute des Reiches und besaßen bis ins 16. Jh. die Reichsstandschaft. Sie gehörten zu den Mächtigsten des Landes und waren mehrfach mit deutschen Kaisern verschwägert. Der letzte Rappoltsteiner, »der dicke Max« genannt, wurde 1806 König von Bayern. Sein Sohn Ludwig I. war der Gründer der Kunststadt München.

Die Rappoltsteiner hatten als uraltes Reichslehen das »Pfeiferkönigtum«. Die Musikanten hatten in Vorderösterreich ein Privileg: Der Kaiser übertrug einem Mächtigen als Schutzherr das Königtum über sie. Diese Königsherrschaft erstreckte sich vom Hauenstein im Schweizer Jura bis zum Hagenauer Forst (Nordelsass). Die Spielleute waren in einer strengen Zunft organisiert, deren Patronin die Muttergottes von Dusenbach war.

Notre-Dame de Dusenbach

Der Ursprung der Wallfahrt geht auf die Zeit der Kreuzzüge zurück. Ritter Egenolf von Rappoltstein brachte 1221 ein wundertätiges Marienbild mit in seine Heimat, eine Ikone aus dem Vorderen Orient, und stellte sie in einer eigens dazu erbauten Kapelle auf. Die Schar der Pilger wuchs so stark an, dass man eine zweite und 1297 eine dritte Kapelle erbauen musste. Um 1500 erweiterte Maximilian II. von Rappoltstein den Marienkult um einen Ort der Darstellung des Leidens Christi mit einer Nachahmung der Via Dolorosa in Jerusalem. Die von damals stammende Ölberggruppe und der Heiland im Grabe befinden sich an der Südseite des Chors der katholischen Kirche von Ribeauvillé. Das Ikonengnadenbild ging 1498 verloren und wurde durch die heutige Pietà ersetzt (vermutlich um 1500 von Holzbildhauer Lorentz gefertigt).

Die Wallfahrtstätte wurde jedoch am 25. März 1794 während der Französischen Revolution im Zuge der »Dechristianisierung« zerstört. Den Befehl, den die Nationalgarde von Schlettstadt ausführte, gab die Colmarer Distriktsverwaltung. Die Gebäude wurden 1894 wiederhergestellt. Dusenbach ist bis heute neben dem Odilienberg und dem Schauenberg der berühmteste Wallfahrtsort im Elsass.

Die Geschichte der Wallfahrtstätte ist in vier großen Wandgemälden (von Talenti, 1938) an der Nordwand der Gnadenkapelle dargestellt. In der Kapelle sind Votivtafeln (1771–1944) aufgehängt, originelle Zeugnisse naiver Malerei (vgl. die Wanderung zum Schauenberg).

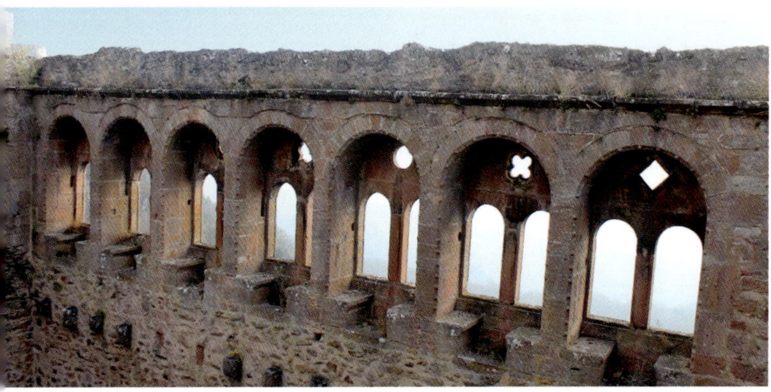

Die Fensterfront des Palas der Ulrichsburg

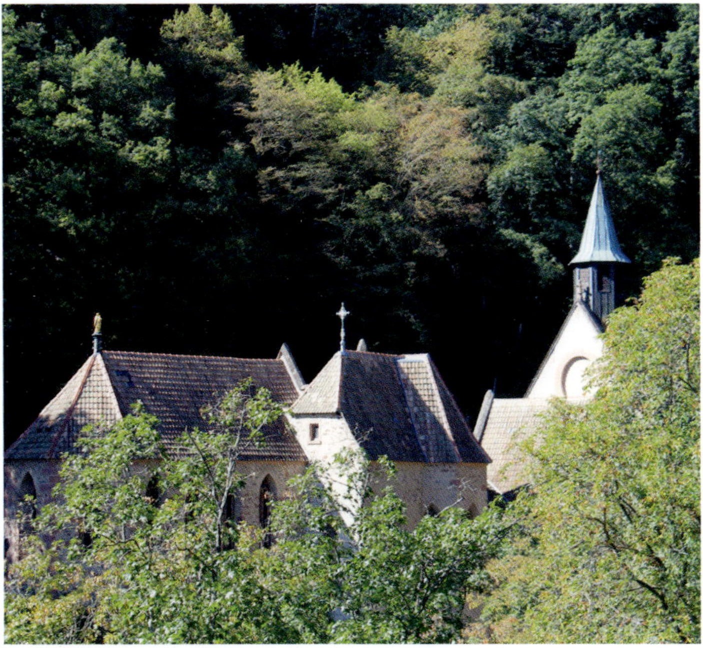

Notre-Dame de Dusenbach

Wallfahrtsort, der aus einer neogotischen Kirche, zwei Kapellen, dem Klostergebäude und einer Pilgerherberge besteht (360 m). Die Gebäude liegen auf einem Felsplateau über Dusenbach und bieten ein malerisches Bild. Vom Strengbachtal führt ein Stationenweg hinauf zur Kapelle, den wir aber nicht benutzen. Wir steigen vielmehr ein kurzes Stück wieder den Weg hinauf, bis die (nicht geteerte) Fahrstraße zum Kloster auf den Wanderweg mit dem blauen Dreieck stößt. Wir gehen nach rechts und folgen etwa 500 m der Straße. Dann zweigt ein Pfad mit dem blauen Dreieck nach links ab, der mit *Ribeauvillé* ausgewiesen ist. Dieser Pfad trägt den Namen »Sentier Maria Raidt« und wurde von der nach ihr benannten Bruderschaft bezeichnet. Er wurde teilweise in den Fels gesprengt und bietet einen romantischen Abstieg nach Ribeauvillé – teils durch Eichenwälder und am Ende an alten Mauern entlang. Er mündet auf die Fahrstraße, und nach etwa 15 Minuten sind wir schon wieder am Ausgangspunkt der Wanderung angelangt.

Tête des Faux

Lapoutroie (Kirche) – Étang du Devin (Hexenweiher) – Roche du Corbeau (Rabenfelsen) – Tête des Faux (Buchenkopf, 1219 m) – Soldatenfriedhof Duchesne (Cimetière militaire Duchesne) – Le Surcenord – Les Mérelles – Lapoutroie

Der Buchenkopf liegt auf dem südlichen Bergkamm des Béhine-Tals, eines Gebirgsflüsschens, das der Weiss zufließt. Man kann den Berg von Orbey oder von Lapoutroie aus besteigen. Er bietet auf seinem Gipfel mit dem großen weißen Kreuz keine Sicht. Beim Auf- und Abstieg von Lapoutroie aus gibt es jedoch genug Möglichkeiten, die Gebirgslandschaft der Vogesen zu bewundern. Der Buchenkopf hat indessen noch einen anderen Reiz für den historisch interessierten Wanderer: Er war Kampfgebiet im Ersten Weltkrieg, und bei seiner Begehung stößt man überall auf die Spuren der deutschen Stellungen – von einer Wasserpumpstation bis zu der Öffnung einer unterirdischen Transportbahn. Der Wanderer trifft aber auch auf den französischen Soldatenfriedhof Duchesne unterhalb des Gipfels, der, in einem dunklen Tannenwald gelegen, an die Opfer jener Gefechte erinnert.

- **Ausgangspunkt** *Lapoutroie*
- **Aufstieg** *3 Std.*
- **Abstieg** *2,5 Std.*
- **Gesamtzeit** *5,5 Std.*
- **Höhenunterschied** *422–1219 m*
- **Länge** *16 km*
- **Karte des Vogesenclubs** *Colmar, Kaysersberg, Le Bonhomme 3718 OT*

Den Wagen lässt man am besten auf dem Platz vor der Kirche von ❶ **Lapoutroie** stehen. Dort sind auch Wegweiser zur Tête des Faux angebracht, die wir aber vernachlässigen. Wir gehen 200 m die Hauptstraße hinauf bis zum Musée des Eaux de Vie (Schnapsmuseum). Direkt vor dem Museum geht eine Straße nach links ab, dort findet man auch den Wegweiser *Étang du Devin* (Hexenweiher) mit blauem Dreieck. Das ist das erste Ziel. Nach etwa 500 m darf man bei einem kleinen Bauernhaus die Abzweigung nicht

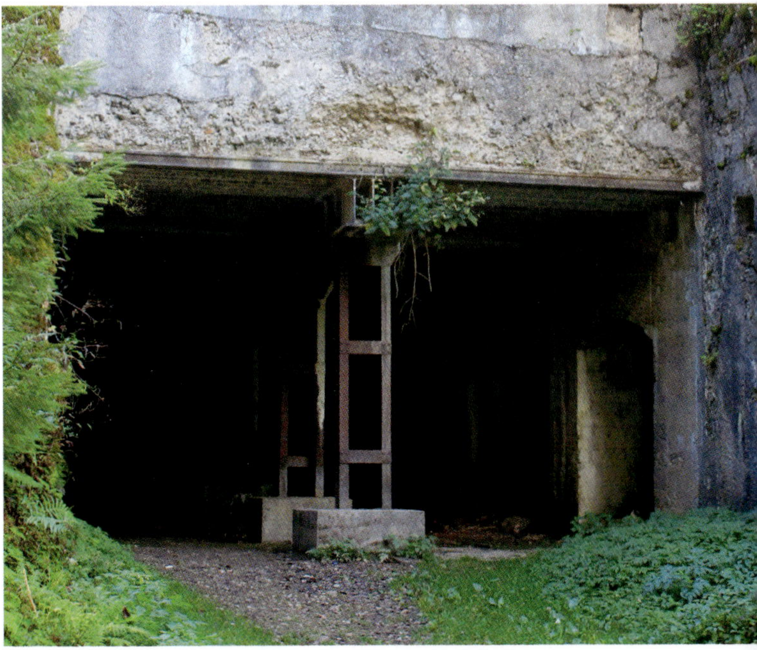

Die Bergstation der Transportbahn aus dem Ersten Weltkrieg

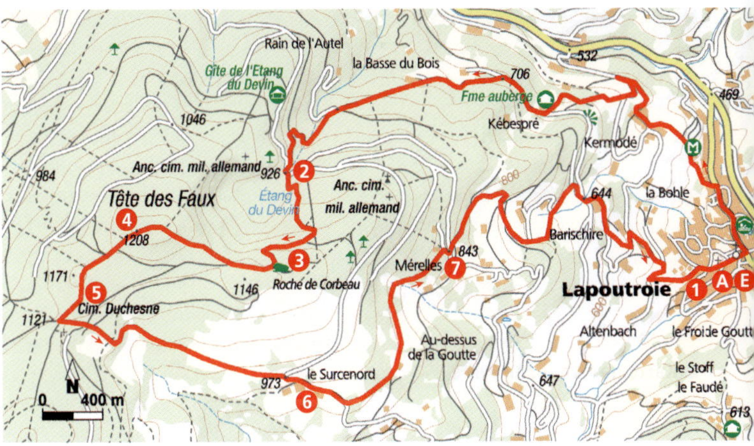

verfehlen, die links in einen Hohlweg führt. Ab und zu muss man kurze Stücke auf Asphalt gehen. Wo sich die Straße absenkt, führt der Wanderweg in spitzem Winkel nach links. Das Wegzeichen ist an einem Felsen und Baum. Es lenkt uns dann zuverlässig und steil zum **2** **Étang du Devin** (Hexenweiher, 929 m). Die 2 ha große, in den Talkessel eingebettete Moorfläche mit einzelnen schwarzen Wasserstellen macht tatsächlich einen etwas mysteriösen Eindruck und so ihre Bezeichnung

Die »Weihnachtsschlacht« an der Tête des Faux 1914

Das Bayrische Landwehr-Infanterie-Regiment (LIR) 12 hatte schon im August 1914 den Gipfel der Tête des Faux besetzt. Er diente als Beobachtungsposten. Von dort wurden aber auch Granaten abgefeuert, besonders auf den Col du Bonhomme (Diedolshauser Pass). Ende November wurde das auf dem Pass liegende Befehlszentrum der französischen Armee zerstört. Im Dezember entbrannte ein heftiger Kampf um den Berggipfel:

Am 2. Dezember 1914 erstürmen die französischen Gebirgsjägerbataillone 28, 30 und ein Bataillon des 215. Infanterieregiments den Gipfel der Tête des Faux, das Bayrische Landwehrregiment zieht sich von dort zurück. Vier Kompanien (etwa 1000 Mann) werden zur Verteidigung des Berggipfels eingesetzt. Am Weihnachtsabend um 22.30 Uhr tritt das 14. Jägerbataillon von Mecklenburg zum Gegenangriff an. Bei eisiger Kälte und einem halben Meter Schnee brechen die deutschen Soldaten trotz heftigen Artilleriefeuers mit großem Einsatz in die erste französische Linie ein, und die französischen Jäger ziehen sich auf eine zweite Linie zurück. Die Leichen türmen sich so hoch, dass der Einsatz von Schusswaffen schwierig wird. Der Kampf mit Bajonetten beginnt. Inzwischen greifen zwei weitere Kompanien in das Gefecht ein. Die Mecklenburger setzen sich in der ersten Linie fest.

Um 4.45 Uhr greifen sie erneut an, kommen jedoch gegen das französische Abwehrfeuer nicht an und ziehen sich bei Tagesanbruch zurück. In dieser Weihnachtsnacht zählt man 500 deutsche und 137 französische Gefallene, darunter Capitaine Duchesne. Nach ihm wird der Soldatenfriedhof benannt, auf dem 408 französische Soldaten in Gräbern und 116 in einem Ossuaire (Beinhaus, Massengrab) ruhen. Die Deutschen versuchen einen erneuten Angriff im Februar 1915. Dieser bleibt erfolglos. Die deutsche Armee setzt sich auf der Ostflanke des Berges fest, und die militärische Lage bleibt mit Ausnahme einiger Scharmützel bis 1918 unverändert.

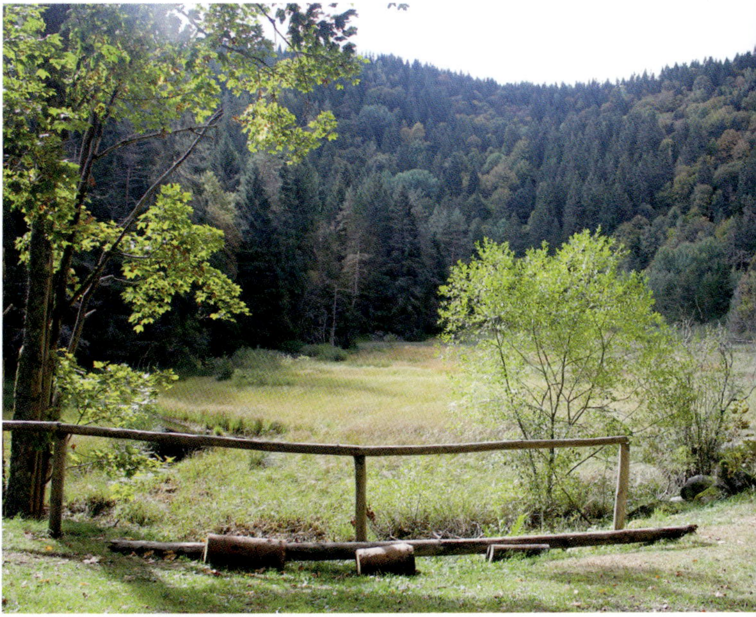

Étang du Devin (Hexenweiher)

verständlich. Man stößt außerdem auf einen betonierten Unterstand des Ersten Weltkriegs, der als Wasserpumpstation zur Versorgung der deutschen Soldaten in den Stellungen auf dem Berg gedient hatte. Heute wird er von Wanderern als Schutzraum genutzt.

Auf der anderen Seite des Hexenweihers befindet sich der Wegweiser *Tête des Faux,* nun mit rotem Rechteck. Wir gelangen zur **3 Roche du Corbeau.** Deutsche Soldaten hatten diesen Felsen zum Bunker ausgebaut und auf ihm ein Holzgestell als Beobachtungsposten errichtet. Wir erreichen die Bergstation einer Seilbahn der deutschen Truppen, einen großen, zugänglichen Betonbau.

Wir folgen weiter dem roten Rechteck, der Weg senkt sich nach rechts leicht ab, bis er an den kurzen Steilanstieg zum Gipfel der **4 Tête des Faux** (1219 m) mit dem weißen Kreuz führt. Es steht auf mit Schienen (von 1915) befestigten Steinen. Überall liegen verrostete Eisenteile herum; unter dem Heidekraut verbergen sich tiefe Löcher. Im Umkreis des Berges rosten viele Kilometer Stacheldraht vor sich hin. Es ist nicht ratsam, den Weg zu verlassen. Auf

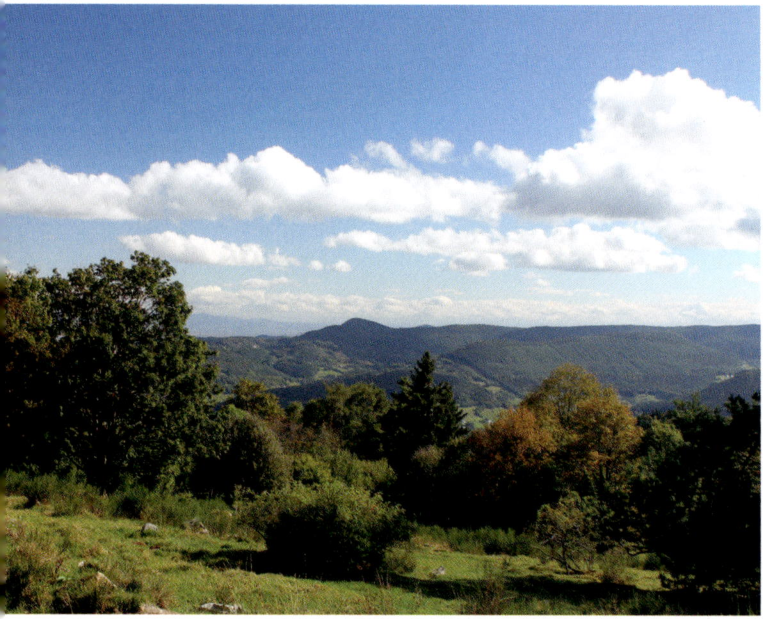

Blick ins Tal der Weiss

dem Abstieg kommen wir an einem Gedenkstein für gefallene Offiziere sowie französische Gebirgsjäger vorbei und steigen auf einem mit Felsstücken gepflasterten Weg bis zum 5 **Soldatenfriedhof Duchesne** ab. Wir stehen im Schatten der hohen Tannen vor dem französischen Cimetière militaire aus dem Ersten Weltkrieg. Er ist benannt nach dem schon 1914 gefallenen Kommandeur Duchesne, dem auch das Denkmal auf dem Friedhof gilt.

Schon vor dieser düsteren, aber ergreifenden Nekropole geht links der für uns maßgebliche Wegweiser ab: *Beauregard, Remomont, Orbey* (mit rotem Kreuz, darüber auch ein Pfeil mit gelbem Kreuz). Auf einem Hangweg steigen wir langsam ab – immer wieder mit schöner Sicht auf die im Süden liegenden Bergkämme –, bis wir 6 **Le Surcenord** erreichen, ein großes Bauerngehöft. Der Weg teilt sich nach etwa 150 m: Wegweiser und Zeichen mit rotem Kreuz führen nach Orbey. Wir richten uns nach dem Wegweiser *Les Mérelles, Lapoutroie* (mit gelbem Kreuz) und gelangen nach 7 **Les Mérelles,** einer Weidelandschaft mit stattlichen Bauernhöfen.

Deutsche Militärarchitektur

Während die französischen Befestigungen nur aus Material der Umgebung (Holz, Steine, Sand) bestanden und heute kaum mehr sichtbar sind, haben die Deutschen an der Ostflanke des Berges ein riesiges System von Bunkern, unterirdischen Gängen, Unterständen, Schmieden, Krankenstationen mit Zimmern sowie Mannschaftsunterkünfte für 200 Soldaten, lange Mauern um den Gipfel und eine Zitadelle in Gipfelnähe errichtet. Sogar eine Kapelle wurde erbaut. Der Rabenfelsen (Rocher de Corbeau) wurde zu einem Bunker mit Öffnungen für Maschinengewehre ausgebaut, was man dem Felsen auf den ersten Blick nicht ansieht. Ein Schacht führte nach oben zu einem Beobachtungsposten.

Direkt am Hexenweiher befand sich eine Station der Wasserversorgung für die Truppe. Generatoren erzeugten Strom. 200 Höhenmeter über dem Hexenweiher war die Bergstation einer Seilbahn. Die Talstation »König Ludwig« lag neben der Kirche von Lapoutroie. Die Seile wurden über hölzerne Streben geführt. Von der Bergstation, einem großen nach Osten hin geöffneten Betonklotz, gingen zwei unterirdische Gänge über mehr als einen Kilometer nach oben. Sie waren mit Holzbalken, Wellblech und Erde abgedeckt. Ein Gang diente als Weg für die Soldaten, der andere war ein Transporttunnel, durch den Wägelchen auf Schienen mit Seilen nach oben gezogen wurden. Man nannte ihn »Rollbahntunnel«. Diese gesamten Anlagen waren für die französische Artillerie kaum erreichbar.

Auch französische Militärhistoriker bewundern diese erfindungsreichen, ausgefeilten und äußerst soliden militärischen Anlagen. Den Unterschied zwischen den deutschen und französischen Stellungen erklären sie so: Die französischen Streitkräfte wollten das Elsass mit allen Mitteln zurückerobern und drängten nach vorn. Daher waren die Schützengräben eher provisorisch. Die Deutschen dagegen wollten das Reichsland Elsass verteidigen und kein Gebiet preisgeben.

Das ist zugleich auch der Nachteil der Wanderwege um Lapoutroie: Die Zufahrtsstraßen zu den Höfen und zugleich Wanderwege sind zwar kaum befahren, aber geteert. Um zum Ausgangspunkt zurückzugelangen, muss man etwa 40 Minuten auf einer Asphaltstraße gehen, die in großen Schleifen abwärtsführt. Zuweilen kann man den Weg je nach Jahreszeit über die Weiden abkürzen. Landschaftlich ist die Strecke jedoch sehr schön. Das tröstet ein wenig, vor allem wenn wir bald den Kirchturm von Lapoutroie erblicken können.

5

Königstuhl

Riquewihr (Reichenweier) – Col de Seelacker – Burgruine Bilstein – Floderers Kreuz – Königstuhl – Floderers Kreuz – St. Alexis – Riquewihr

Der Königstuhl (938 m) ist der Gipfel eines Bergzugs zwischen dem Strengbachtal und dem Weißtal bei Kaysersberg. Die markanten Punkte sind die Ruine Bilstein im Nordosten und das Forsthaus Wasserfels im Südosten. Es ist ein Wandergebiet prachtvoller Wälder mit mehreren nach Osten und Süden offenen Tälern: dem Bogenbachtal nach Kaysersberg und dem Sembachtälchen nach Riquewihr (Reichenweier).

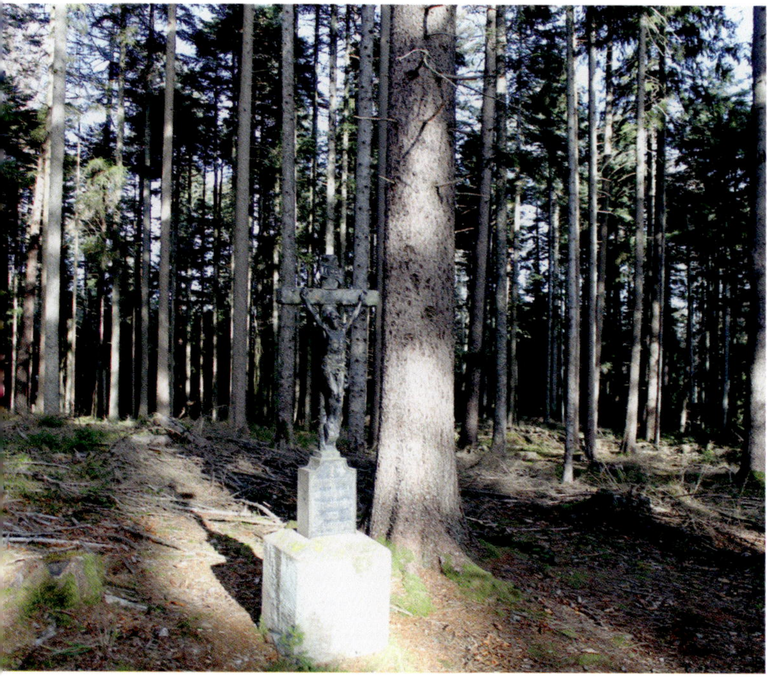

Floderers Kreuz

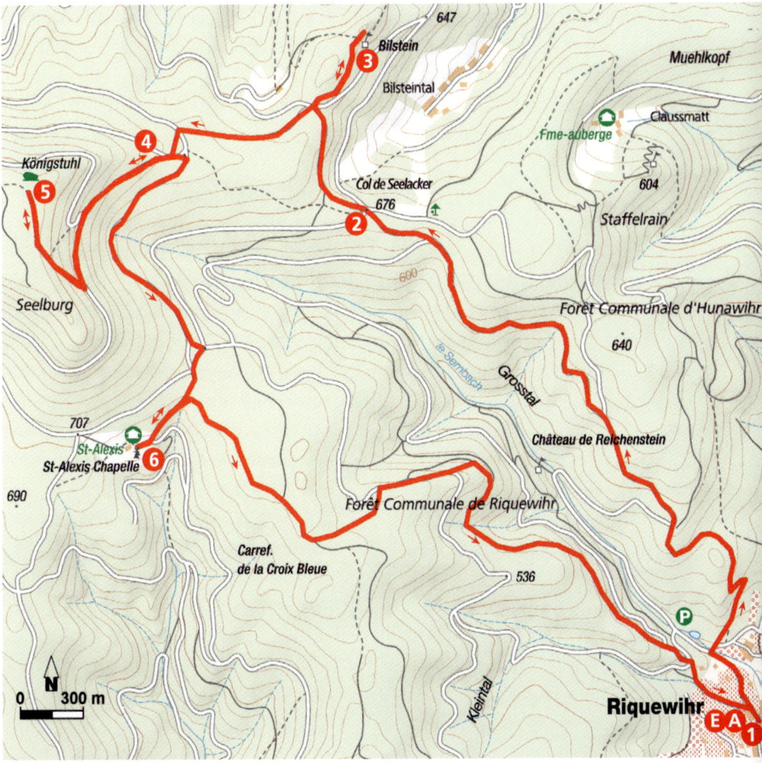

- **Ausgangspunkt** *Riquewihr (Reichenweier)*
- **Aufstieg** *3 Std.*
- **Abstieg** *2,5 Std.*
- **Gesamtzeit** *5,5 Std.*
- **Höhenunterschied** *274–938 m*
- **Länge** *17 km*
- **Karte des Vogesenclubs** *Colmar, Kaysersberg 3718 OT*

In ❶ **Riquewihr** beginnt die Wanderung. Wir verlassen das malerische Städtchen durch das obere Tor, den Dolder. An der Westseite des Platzes führt ein von Mauern gesäumter Weg halb rechts in die Rebberge. An seinem Beginn steht links ein Wegweiser mit den Zielen: *Col de Seelacker, Ruines de Bilstein, Königstuhl*

Die Alexiuslegende

Alexius (um 400), Sohn vornehmer christlicher Eltern, wurde nach der Legende von seinem Vater mit einer schönen Römerin vermählt. Noch am Hochzeitstag flieht er aus Rom, um sein Leben dem Dienst Gottes zu weihen, und lebt in Kleinasien. Er gelangt in den Ruf der Heiligkeit, kehrt nach Rom zurück und lebt im Haus seiner Eltern jahrelang unerkannt unter der Treppe. Als sein Ende herannaht, schreibt er einen Brief an seine Eltern, den er auf der Brust trägt. Als er stirbt, ertönt durch Rom eine überirdische Stimme, den frömmsten Mann zu suchen, und bezeichnet das Haus der Eltern. Der Papst und der ost- und weströmische Kaiser begeben sich dorthin. Alexius wird in der Bonifaziuskirche in Rom bestattet. Um 1050 entsteht das berühmte Alexiuslied, eines der ersten Sprachdenkmäler in altfranzösischer Sprache.

(rot-weiß-rotes Rechteck). Wir steigen zuerst zum nördlichsten Punkt der Wanderung auf, zur Burgruine Bilstein, und wandern von dort zum Königstuhl.

Nach etwa 300 m überqueren wir eine Brücke über den Sembach. Dort befindet sich ein weiterer Wegweiser mit den genannten Zielen (gelbes Dreieck). Wir folgen also nicht dem Talweg. Nach etwa 50 m geht links ein Pfad in den Wald, der mit dem gelben Dreieck markiert ist. Auf diesem (von Wildschweinen etwas zerwühlten) Weg steigen wir in nördliche Richtung auf, bis wir auf eine vom Tal heraufführende Waldfahrstraße gelangen. Auf dieser gehen wir in einem leichten Anstieg weiter (Markierung später mit gelbem Kreuz). Schließlich gelangen wir an eine große Wegkreuzung, den **2 Col de Seelacker,** und sehen einen Wegweiser: *Ruines de Bilstein, Bärenhütte.*

Auf der gegenüberliegenden Wegseite befindet sich ein Wegweiser *Ruines de Bilstein* (abgewinkelter Pfeil mit blauem Punkt). Kurz danach führt ein Pfad nach links in etwa 500 m zur **3 Burgruine Bilstein.** Die Reste der Burg zeugen lediglich von einer bescheidenen mittelalterlichen Festung. Von ihr, seit 1324 wie Reichenweier württembergisch, steht nur noch der Bergfried. Er bietet eine ausgezeichnete Rundsicht: Im Westen liegen der Müsberg und Aubure, der höchstgelegene Ort im Elsass, links davon der Brézouard sowie im Norden das Tännchelmassiv und die Hohkönigsburg. Den Turm sollte man besser nicht besteigen, ein rotes Schild mit der Aufschrift »Danger« warnt seit 1995 davor.

Wir gehen nun wieder zurück zur großen Wegkreuzung, folgen dem Wegweiser Königstuhl (rotes Rechteck) und gehen vorbei an **4 Floderers Kreuz** (Johann Floderer wurde hier am 1. Juni 1887 vom Blitz getroffen). Wir folgen zunächst einer

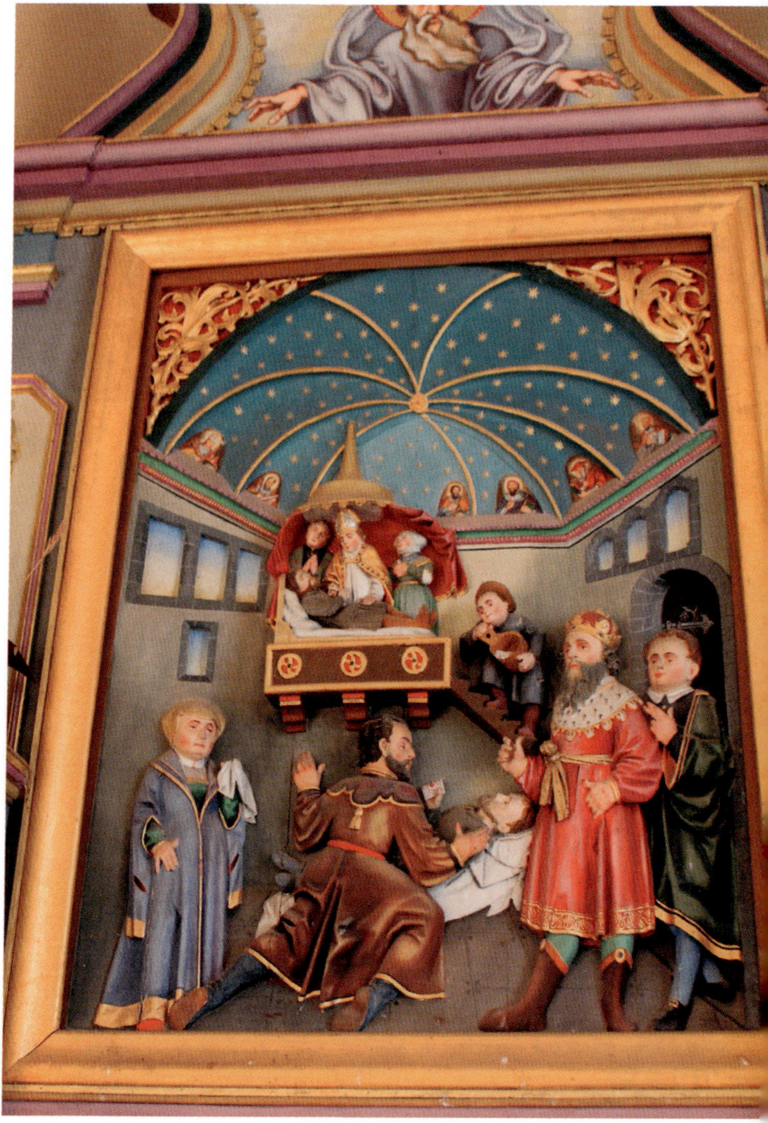

Szene aus der Alexiuslegende in der Kapelle St. Alexis

breiten Waldfahrstraße, bis von dieser in einer Kurve halb rechts ein kleiner Pfad abzweigt (rotes Rechteck). Er führt den Wanderer direkt zum 5 **Königstuhl.** Alsbald stehen wir auf dem mit vermoosten Bäumen bewachsenen Berggipfel, den ein mächtiges zerklüftetes Felsmassiv krönt. Der obere Felsbrocken hat die Form eines mittelalterlichen Königsthrons (daher auch der Name).

Den Abstieg nehmen wir auf demselben Pfad. Er bietet durch hohe Tannen hindurch eine schöne Aussicht auf die Ruine Bilstein, die Rappoltsteiner Schlösser und den Schwarzwald. Man kommt wiederum an Floderers Kreuz vorbei und folgt nun dem Wegweiser *Riquewihr* (blaues Kreuz). Kurz vor der schon sichtbaren geteerten Fahrstraße teilt sich der Weg. Wir halten uns rechts

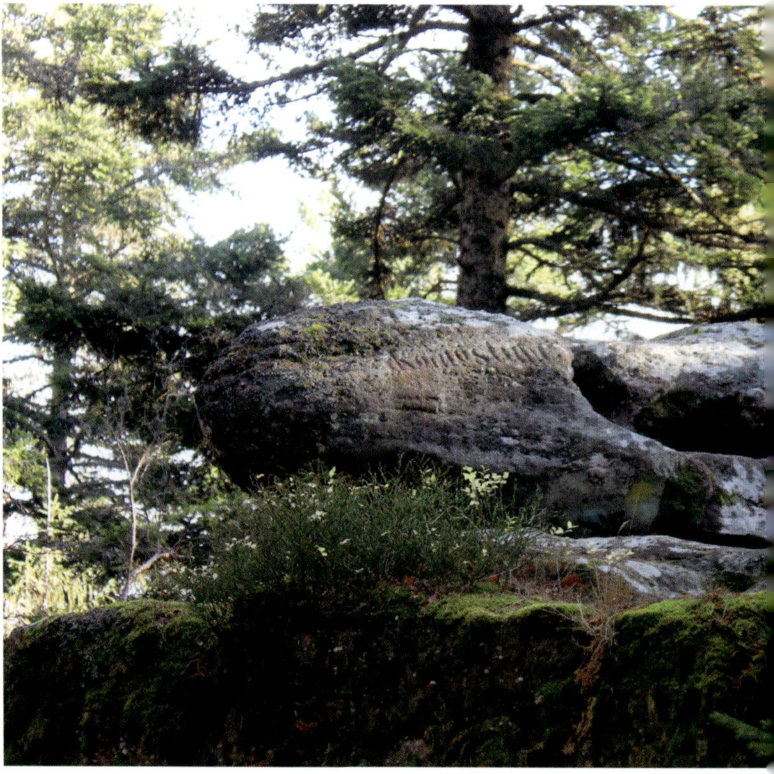

Der Königstuhl

und überqueren die Straße. Schließlich zeigt der Wegweiser *St. Alexis* an. Wir erreichen ein arkadisches Idyll: die Wallfahrtskapelle 6 **St. Alexis,** das Portal von zwei Linden flankiert, gegenüber ein ländliches Gasthaus. Im Schatten einer rebbewachsenen Pergola kann man einen Erfrischungstrunk zu sich nehmen oder einen vorzüglichen elsässischen Apfelkuchen verzehren.

Wir steigen den Weg bis zur Abzweigung *Riquewihr* wieder hinauf. Nach einer halben Stunde weist ein Schild links den Hang hinab nach *Riquewihr* (gelber Punkt). Der Wanderer sollte nicht versäumen, in Ruhe durch Reichenweier zu schlendern. Das Renaissance-Städtchen (16. Jh.) ist einer der schönsten Orte des Elsass, und die Altstadt nahezu vollständig erhalten.

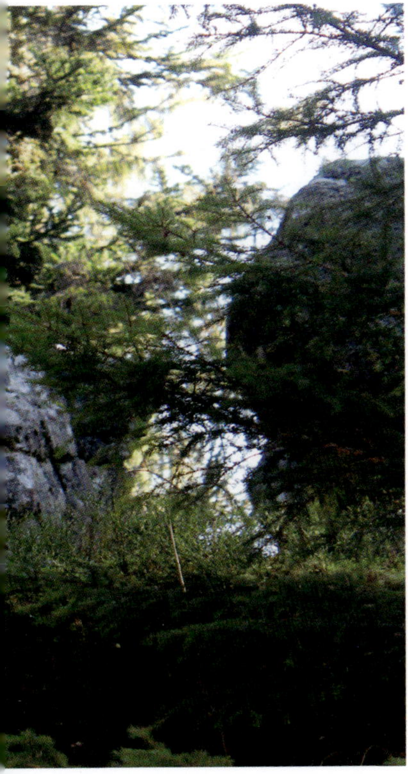

Die Wallfahrtskapelle St. Alexis

Die Kapelle (vermutlich 15. Jh.) enthält auf dem Altar eine Darstellung der Sterbeszene (1515). Sie ist das einzig erhaltene Werk des Luzerner Bildhauers Jörg Beringer (auf einem Altan die Familie, die Braut, der Papst und die Kaiser). Man nimmt dem sterbenden Alexius den Brief aus der Brusttasche. Auf einer Votivtafel an der nördlichen Kapellenwand ist die Szene dargestellt, wie die Stimme auf den toten Bettler hinweist.

Nach dem Heiligen benennen sich die Alexianer, eine noch heute bestehende katholische Brüdergemeinschaft, die in Zeiten der Pest die Kranken pflegte und die Toten bestattete. In jener Zeit kamen die Wallfahrten auf. Kurioserweise besteht in dieser Region folgender Glaube: Wenn ein lediges Mädchen das Alexisglöckchen läutet, bekommt sie noch in demselben Jahr einen Mann. Ob Alexius wohl hierfür der geeignete Heilige ist?

Kleiner Hohnack – Lingekopf

Croix de Wihr (Weierer Kreuz, 890 m) – Kleiner Hohnack (927 m) – Großer Hohnack (988 m) – Croix de Wihr – Baerenstall – Schratzmännele (1045 m) – Collet du Linge (Lingekopf, 987 m) – Baerenstall – Croix de Wihr

Von einer mittelalterlichen Festung aus dem 12. Jh. auf dem Kleinen Hohnack führt die Wanderung über die befestigten Schützengräben, die 800 Jahre später ausgehoben wurden, zum Collet du Linge (Lingekopf). Während die Belagerung einer Burg nur wenigen Rittern das Leben kostete, hatten die Kämpfe 1915 eine andere Dimension: 30 000 Soldaten fielen an diesem Frontabschnitt im Ersten Weltkrieg in Kämpfen, die strategisch völlig sinnlos waren. Mit Erschütterung besichtigt man die Unterstände, Schützengräben, Granatlöcher und die Spuren des Kampfgeländes, die unverändert belassen wurden. Ein kleines Museum mit Relikten aus den Gefechten ist angeschlossen. Die Wanderung gilt aber nicht nur dem Gedenken an das Grauen des Ersten Weltkriegs. Der Wanderer genießt auch großartige Ausblicke von vielen Punkten des Weges.

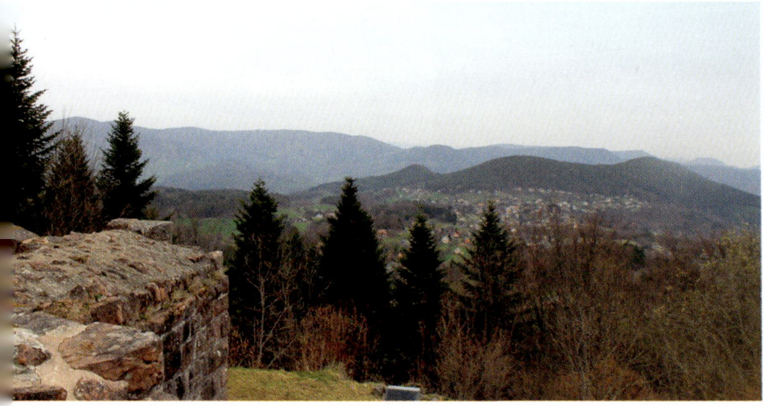

Blick auf Labaroche

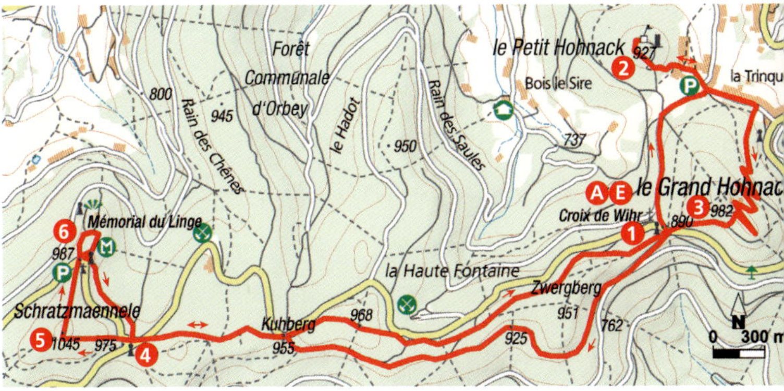

- **Ausgangspunkt** *Croix de Wihr (Weierer Kreuz)*
- **Aufstieg** *3,5 Std.*
- **Abstieg** *1 Std.*
- **Gesamtzeit** *4,5 Std.*
- **Höhenunterschied** *ca. 500 m (Hinweis: Es handelt sich nicht um einen eindeutigen Auf- und Abstieg; es gibt bei dieser Wanderung mehrere Auf- und Abstiege)*
- **Länge** *15 km*
- **Karte des Vogesenclubs** *Colmar, Kayersberg 3718 OT*

Der Beginn der Wanderung liegt an der ❶ **Croix de Wihr** (890 m), wo man den Wagen parken kann. Man erreicht es von Turckheim (Türkheim) über Trois Épis (Drei Ähren), Labaroche auf der D 11 VI. Das erste Ziel ist der Kleine Hohnack (927 m). Wir folgen dem Wegweiser *Petit*

Schratzmännele

Der Berg hat seinen Namen von einem bösen elbischen Geist, einem »Schrat(z)«, der einst hier oben in einem Steinbruch gehaust haben soll. Er habe die Menschen in den Tälern und einsamen Gehöften erschreckt, indem er sich nachts auf ihre Brust setzte und sie zu ersticken drohte. Man hat in der Gegend dort bis in die jüngste Zeit Fäden über die Bauernbetten gespannt, um das Schratzmännele abzuhalten. Aber was der Schratz den Menschen antat, war harmlos gegenüber dem, was die Menschen dann bald mit dem Berg des Schratz machen sollten. Er gehörte wie der Lingekopf und der Barrenkopf zu den besonders umkämpften Stellungen dieses Frontabschnitts.

Hohnack (gelbes Kreuz) und steigen einen Waldweg leicht hinab, der an einer asphaltierten Straße endet. Dort ist auch der Wegweiser nach links. Wir durchschreiten eine Colonie de Vacances (Ferienheim für Jugendliche), nach kurzem Anstieg gelangen wir auf den ❷ **Kleinen Hohnack.** Er ist mit einer stattlichen Burgruine gekrönt und auf der Karte als Punkt mit besonders schöner Aussicht ausgewiesen, welche nach Süden hin nur durch den Großen Hohnack begrenzt wird. Nach dem

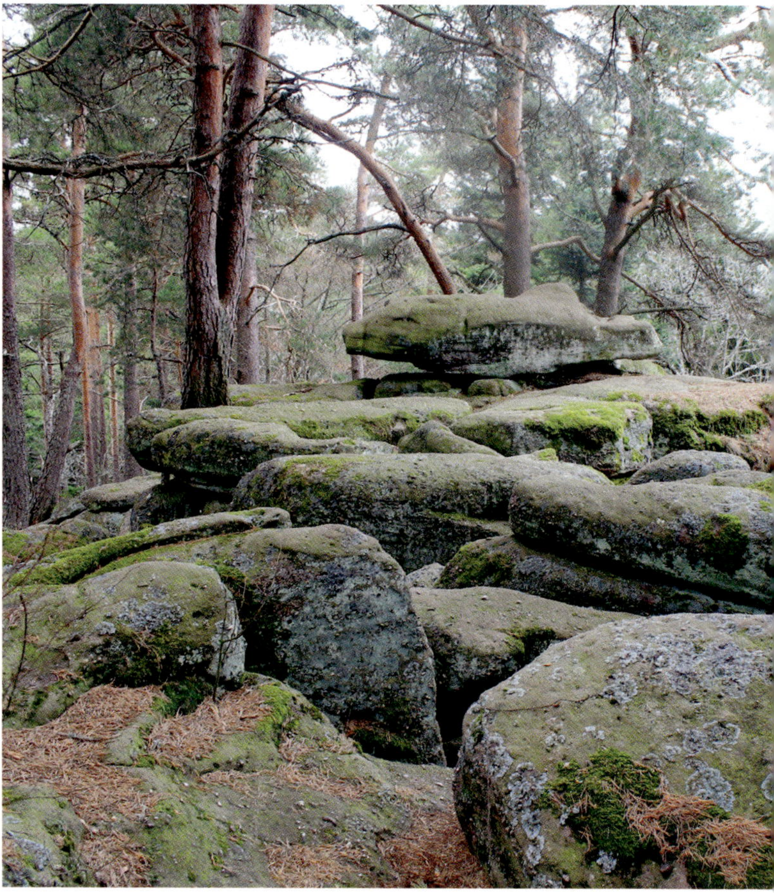

Gigantische Felsansammlung auf dem Großen Hohnack

Abstieg von der Burgruine halten wir etwa 300 m auf der Fahrstraße geradeaus und folgen dem Wegweiser *Grand Hohnack* (gelbes Kreuz), bis rechts ein schönes Kruzifix von 1808 erscheint. Dort steht auch der Wegweiser *Grand Hohnack* (blaues Kreuz). Der Weg zweigt nach rechts ab und führt in etwa 30 Minuten zum ❸ **Großen Hohnack** (988 m), auf dessen Gipfel den Wanderer ein imposantes Felsgebilde überrascht. Ein Pfad (mit blauem Kreuz) führt in Kürze wieder zurück zur Croix de

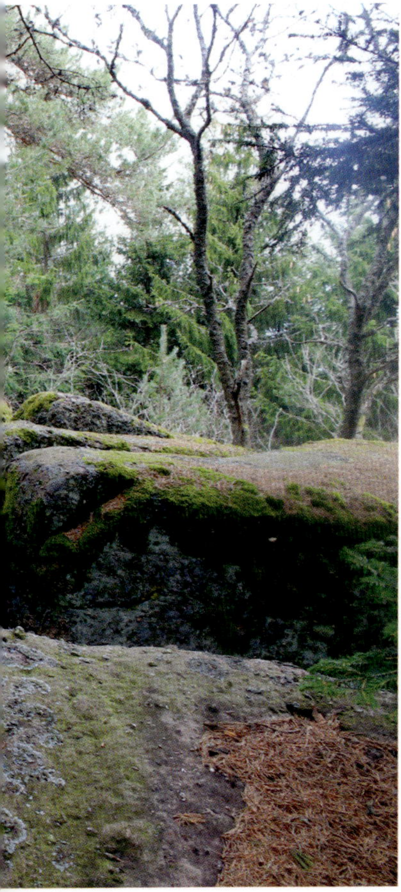

Die Burgruine auf dem Kleinen Hohnack

Die Burg Hohnack wurde im 11. Jh. erbaut, vermutlich von den Grafen von Eguisheim. Nach wechselnden Besitzern fiel sie an die Herren von Rappoltstein, musste aber 1635 an die Franzosen ausgeliefert werden. Sie wurde durch den Colmarer Kommandanten Achille de Longueval zerstört. Ludwig XIV. ließ die Burg 1655 sprengen.

Der innere Burghof war durch einen Mantel mit Wehrgang geschützt und durch mehrere Mauertürme verstärkt. Da das Material aus Sandstein besteht und vorzüglich bearbeitet ist, wurde die Ruine im 19. Jh. als Steinbruch genutzt. Erhalten sind der Torturm und Reste der inneren achteckigen Ringmauer mit dem Rundturm auf der Südseite und zwei quadratischen Türmen mit Schießscharten. Im inneren Hof stehen noch die 6 m hohen Reste des Bergfrieds. An den Mauertürmen erkennt man viele Steinmetzzeichen. Der tiefe, zugeschüttete Brunnen ist bei Instandsetzungsarbeiten 1905 aufgedeckt worden.

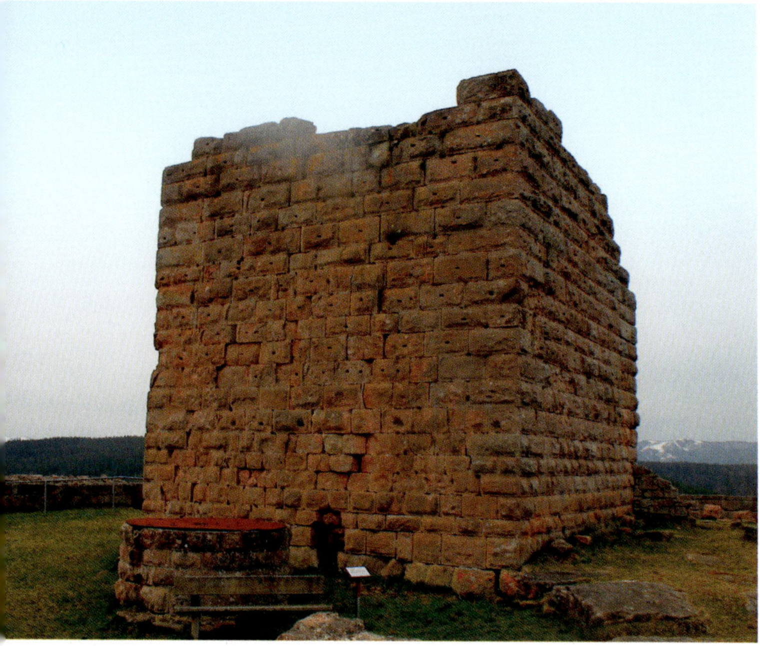

Bergfried des Kleinen Hohnack

Wihr. Für den Rundweg über die beiden Hohnack-Gipfel benötigt man etwa 90 Minuten.

Jenseits der Fahrstraße führt der Wanderweg in westliche Richtung bis zu einer Abzweigung mit dem Hinweis *Baerenstall (Versant Sud* = Südhang), *Le Linge* (ohne Wegzeichen). Dieser leicht ansteigende Panoramaweg mit reizvollen Ausblicken auf die Bergkämme im Süden geleitet uns immer am Hang entlang zu einem Wegweiser *Baerenstall, Le Linge, Wettstein, Hautes Huttes, Lac Noir* (gelber Punkt), nach dem wir uns nun richten. Das nach links weisende Schild *Gunsbach* (gelber Punkt) bleibt unbeachtet.

Wir gehen bis zu einer Kreuzung, wo der Wanderweg wiederum die D 11 VI berührt. In westlicher Richtung ist der Weg (etwas verdeckt) gewiesen mit *Baerenstall, Le Linge, Le Wettstein – GR 532* (mit gelbem Rechteck), den wir in westliche Richtung weiterwandern. Bei der nächsten Abzweigung halten wir uns halb rechts, der Wegweisung *Glasborn, Wettstein, Haute Huttes, Lac Noir* (jetzt mit gelbem und blauem

Rechteck) folgend. Wir erreichen in Kürze den Cimetière allemand du **4 Baerenstall** (Deutscher Soldatenfriedhof Bärenstall), der an der Kreuzung D 11 VI / D 561 liegt.

Westlich des Bärenstallsattels liegt das **5 Schratzmännele** (1040 m). Wir überqueren die Straßenkreuzung beim Soldatenfriedhof und gelangen, weiterhin dem gelben Rechteck folgend, alsbald auf den höchsten Punkt des Berges. Dort steht das Schild *Schratz,* das den Gipfel des Schratzmännele anzeigt. An diesem Punkt geht ein Pfad mit dem Wegweiser *Mémorial du Linge* (gelb-weiß-gelbes Rechteck) nach rechts hinab zum **6 Collet du Linge** (Lingekopf, 987 m). Direkt vor dem Eingang zur Gedenkstätte, die man unbedingt besichtigen sollte, befindet sich rechts der Wegweiser *Cimetière du Baerenstall* (blaues Rechteck). Den Friedhof Bärenstall erreicht man in 10 Minuten. Von dort gehen wir denselben Weg etwa 15 Minuten zurück, indem wir dem Wegweiser *Croix de Wihr, Labaroche* (gelbes Rechteck) folgen. Bei der Kreuzung, an welcher der Wanderweg wieder die Straße berührt, folgen wir jedoch nicht dem Weg mit dem gelben Kreuz nach rechts, den wir auf dem Hinweg hochgestiegen sind, sondern gehen geradeaus, dem gelben Rechteck folgend. Kurz nach der Gabelung steht eine seltene Fünflingsbuche. Der Weg führt über den Kuhberg zur Croix de Wihr.

Collet du Linge (Lingekopf)

Der Hauptschauplatz des Krieges verlagerte sich 1915 nach Nordfrankreich, weshalb die Front in den Vogesen strategisch nur noch eine untergeordnete Bedeutung hatte. Es ging darum, die Stellungen zu halten und einen Durchbruch der einen oder anderen Seite zu verhindern. Die Front erstarrte auch in den Vogesen und blieb bis zum Kriegsende fast unverändert. Nur der Ehrgeiz einiger Generäle trieb die Regimenter immer wieder zu Kampfhandlungen, um diese oder jene Stellung zu erobern – meist jedoch ohne Erfolg und mit 30 000 Toten auf beiden Seiten allein im Frontabschnitt des Lingekopfs. Größere Kampfhandlungen gab es in den Jahren 1914 / 15.

Das ehemalige Schlachtfeld bietet dem Betrachter das Bild eines Grabensystems, das in dieser Vollständigkeit während des Krieges so nicht existiert hat. Die Anlage besteht aus den untereinander verbundenen erster, zweiter und dritter Linie eines Grabensystems, gemauerten Unterständen, einem Blockhaus aus Stahlbeton an der Nordflanke, Bunkern mit unterirdischen Verbindungsstollen, Felsenkasernen und einem Unterstand des Abschnittkommandeurs. Die vordersten Stellungen der Franzosen befanden sich teilweise in einer Entfernung von weniger als 10 m von der ersten deutschen Linie.

Großer Hohnack

Gunsbach (Parkplatz Anglerverein) – Croix de Wihr (Weierer Kreuz, 890 m) – Großer Hohnack – Croix de Wihr – Baerenstall – Gunsbach

Der Große Hohnack liegt auf dem Bergzug, der auf der Nordseite das Fechttal von Münster nach Türkheim zu begleitet. Der Gipfel besteht aus einer Felsansammlung, die sich von Westen nach Osten auf dem Rücken des Bergmassivs ausdehnt. In den Felsen finden sich einige Aushöhlungen, die als druidische Denkmäler gelten. Im Volksmund nennt man sie Hexenkessel. Wir besteigen den Großen Hohnack von Gunsbach aus, wo Albert Schweitzer seine Jugend verbracht hat. Nach ihm ist auch eine Straße benannt, die einem nach Norden steigenden Tälchen folgt.

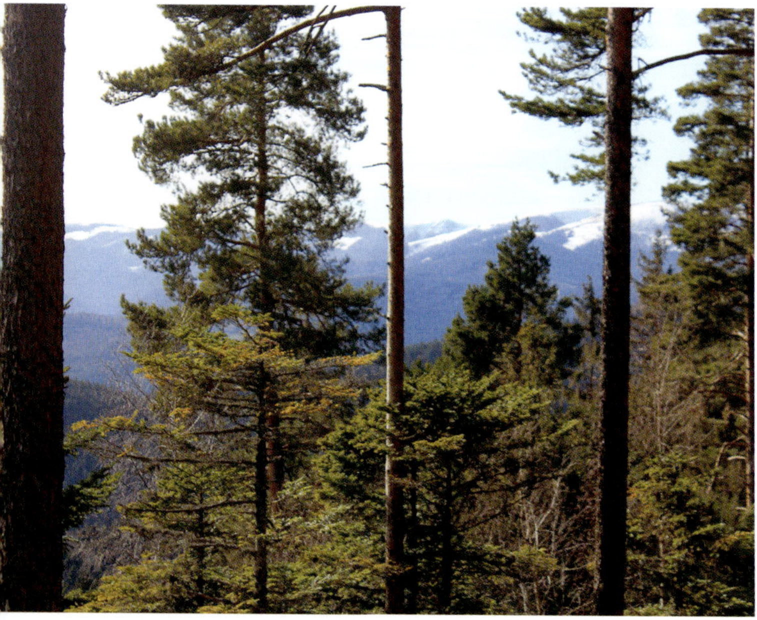

Blick vom Großen Hohnack nach Südwesten

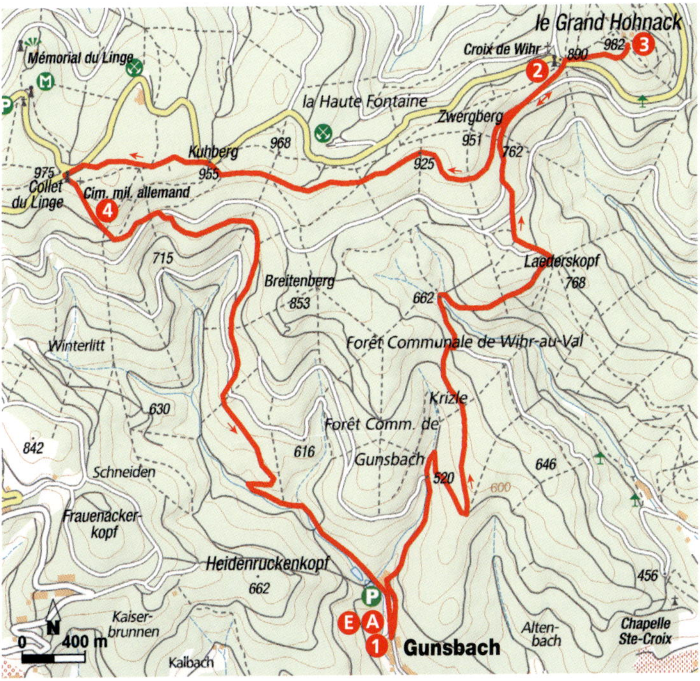

- **Ausgangspunkt** *Gunsbach (Parkplatz Anglerverein)*
- **Aufstieg** *2 Std.*
- **Abstieg** *3 Std.*
- **Gesamtzeit** *5 Std.*
- **Höhenunterschied** *330–974 m*
- **Länge** *16 km*
- **Karte des Vogesenclubs** *Colmar, Kaysersberg 3718 OT*

In ❶ **Gunsbach** fährt man die von der Hauptstraße nach Norden abbiegende Albert-Schweitzer-Straße das Tal hinauf bis zum Haus des Gunsbacher Anglervereins; dort ist ein Parkplatz. Wir gehen die Talstraße etwa 150 m abwärts, bis eine Waldfahrstraße nach links abzweigt. Hier befindet sich der Wegweiser *Chapelle Ste. Croix, Wihr au Val, Croix de Wihr* (gelbes Kreuz). Croix de Wihr (Weierer Kreuz) ist das nächste Ziel. Wir steigen die Waldfahrstraße hinauf bis zu einer Abzweigung. Geradeaus steht (mit gelbem Kreuz) das

Schild *Chapelle Ste. Croix, Wihr au Val;* es ist unerheblich. Wir biegen nach links ab gemäß dem Wegweiser *Hohrodberg, Baerenstall* (gelber Punkt). Dass Croix de Wihr nicht mehr angeschrieben steht, hat keine Bedeutung. Wir steigen den Weg (mit gelbem Punkt gekennzeichnet) hinauf und gelangen an eine Kreuzung mit einer Holzhütte, an der fünf Waldfahrwege zusammentreffen.

Östlich gegenüber der Hütte steht der Wegweiser *Croix de Wihr, Labaroche, Trois Épis* (gelbes Dreieck). Dieser Weg führt zunächst leicht bergab, dann steil ansteigend

Gefecht an der Croix de Wihr am 19. August 1914

Was geschah nun wirklich auf der Passhöhe? Das 3. Bataillon des 152. französischen Infanterieregiments dringt auf dem Nordkamm des Münstertals Richtung Westen vor. Aufklärer einer berittenen Gebirgsjägerkompanie entdecken im Gebiet des Großen Hohnack auf der Passhöhe das 1. und 2. Bataillon des 8. Bayrischen Landwehrregiments. Das französische Bataillon legt einen Hinterhalt, in den die ersten beiden bayrischen Kompanien geraten. Um 11.20 Uhr beginnt der Überfall. Ein Kampf von Mann zu Mann wird mit Gewehr und Bajonett ausgetragen. Der Unteroffizier Marcel, ein Scharfschütze, habe allein 23 Bayern getötet. Das bayrische Bataillon versucht, die Gegner zu überrennen, wird jedoch aufgehalten. Es löst sich auf, und die deutschen Soldaten zerstreuen sich in den Wäldern. Es werden über 300 deutsche Gefallene und 27 Verletzte gezählt. Bei dem Gefecht fallen 21 Franzosen, und 27 werden verletzt.

Dieses Gefecht wird im Elsass noch heute für so bedeutsam gehalten, dass am 19. August 2014 mit großem Zeremoniell eine Gedenkfeier abgehalten wurde.

Die Männer des 152. Infanterieregiments haben in diesem Kampf ihren Ruf als »Bergfüchse« begründet. Wegen der Kampfkraft des Regiments am Hartmannsweiler Kopf wurde es auf beiden Seiten als »Le Régiment des Diables rouges« oder »Teufelsregiment« bezeichnet und trug einen roten Teufel auf seiner Fahne. In die Militärgeschichte ging es als 15.2 oder »Quinze-Deux« ein. Am Hartmannsweiler Kopf fielen allein am 22. Dezember 1915 2000 von 3000 Infanteristen des 15.2.

Während der deutschen Besetzung des Elsass befahl die Verwaltung den Elsässern, das Denkmal zu zerstören. So wurde der Granitblock in zwei Stücke zerschlagen und am Ort vergraben. Nach dem Krieg wurde das Monument wieder errichtet. Dieser Gedenkstein spiegelt exemplarisch das Drama der deutsch-französischen und der elsässischen Geschichte wider.

bis zu einer Lichtung. Hier darf man die Abbiegung nach rechts – sie ist markiert – nicht übersehen. Der Pfad stößt schließlich auf einen breiteren Hangweg. Dort steht das nach rechts weisende Schild *Croix de Wihr, Labaroche, Trois Épis, Grand Hohnack* (gelbes Kreuz). In Kürze führt der Weg zum **2** **Croix de Wihr** (890 m), unmittelbar am Fuß des Großen Hohnack gelegen. Der Punkt ist durch ein hohes Steinkreuz (1811) gekennzeichnet, das an der Straße D 11 VI steht. Hinter ihm erinnert ein Gedenkstein (auf der Karte als MON = Monument vermerkt) an das

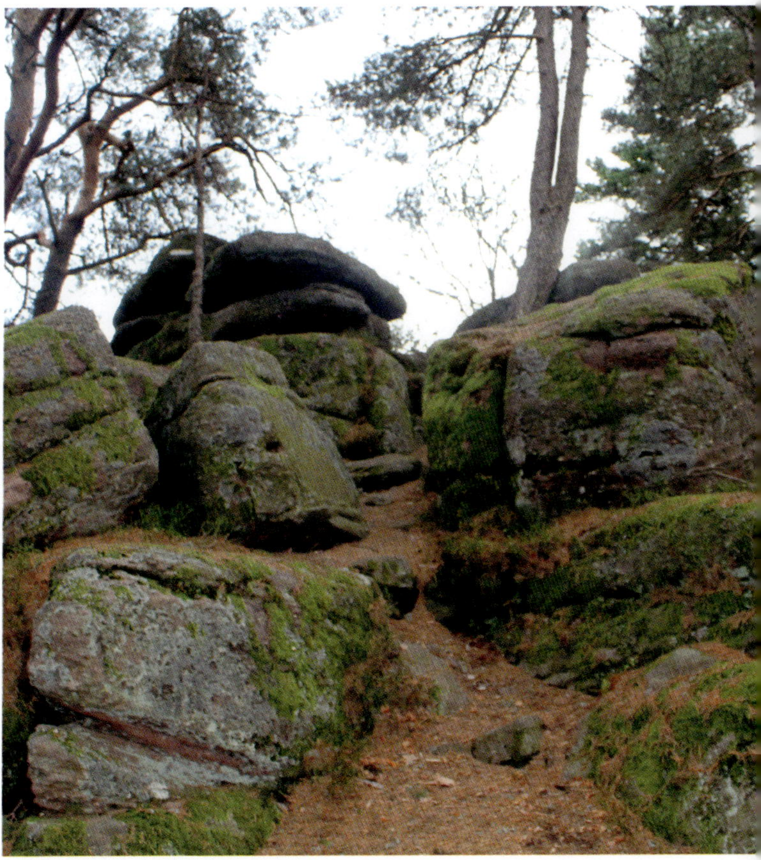

Aufstieg zum Großen Hohnack

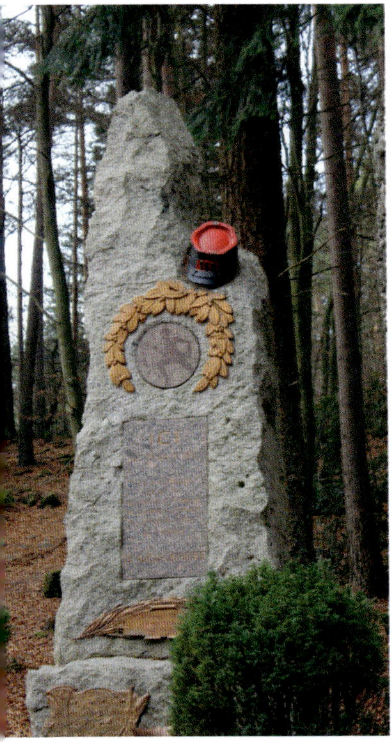

Monument: Gefecht vom 19.08.1914

fünfstündige Gefecht vom 19. August 1914: Das 3. Bataillon des französischen Infanterieregiments 152 habe dort ein bayrisches Landwehrregiment überrascht und »es in Stücke gehauen« (»le tailla en pièces«), wie die Aufschrift verkündet. Die Tricolore weht daneben, auch nach über 100 Jahren!

Auf der anderen Straßenseite ist auf einem Wegweiser mit blauem Kreuz *Grand Hohnack* angezeigt. Von der Passhöhe führt ein Fußweg, der in einen Serpentinenweg (mit schöner Aussicht nach Süden) übergeht, zum Gipfel des 3 **Großen Hohnack.** Leider ist dort der Ausblick durch den Baumwuchs beschränkt. Erstaunlich sind die aufgetürmten Felsformationen, die den Namen »Hexenkessel« verständlich machen. Vom Gipfel kehren wir zum Croix de Wihr zurück.

Von dort aus wandern wir zu einer Abzweigung, indem wir ein Stück unseres Anmarschwegs in die entgegengesetzte Richtung benutzen, bis rechts ein Hinweis mit der Aufschrift *Baerenstall (Versant Sud* = Südhang), *Le Linge* (ohne Wegzeichen) erscheint. Der leicht ansteigende Panoramaweg mit netten Ausblicken auf die Bergkämme der Süd- und Westvogesen geleitet uns immer am Hang entlang zu dem Wegweiser *Baerenstall, Le Linge, Wettstein, Hautes Huttes, Lac Noir* (gelber Punkt), nach dem wir uns nun richten. Das nach links weisende Schild *Gunsbach* (gelber Punkt) bleibt unbeachtet.

Wir gehen bis zu einer Kreuzung, an welcher der Wanderweg wiederum die D11 VI berührt. In westlicher Richtung wird der Weg (etwas verdeckt) angezeigt mit *Baerenstall, Le Linge, Le Wettstein – GR532* (mit gelbem Rechteck); wir wandern ihn in westlicher Richtung weiter. Bei der nächsten Abzweigung halten wir uns halb rechts und folgen der

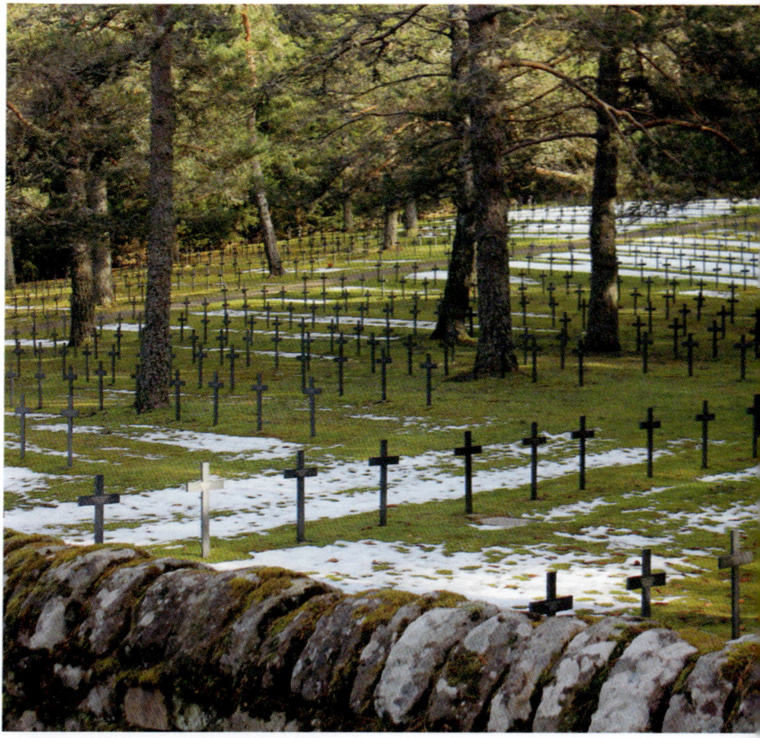

Deutscher Soldatenfriedhof Bärenstall

Wegweisung *Glasborn, Wettstein, Haute Huttes, Lac Noir* (jetzt mit gelbem und blauem Rechteck). Wir erreichen in Kürze den Cimetière allemand du ❹ **Baerenstall** (Deutscher Soldatenfriedhof Bärenstall) an der Kreuzung D 11 VI / D 561.

Unmittelbar hinter der westlichen Friedhofsmauer und einem kleinen Sandsteingebäude zweigt ein Pfad mit dem Wegweiser *Gunsbach, Croix de Wihr, Hohrodberg* (rotes Kreuz) nach links ab. Auf diesem Weg steigen wir ins Tal hinunter – immer durch das rote Kreuz geleitet. Nach etwa 30 Minuten darf man die Abzweigung nach rechts auf einen kleinen reizvollen Waldpfad nicht versäumen. Auf sie wird durch einen Pfeil und das Schild *Gunsbach* hingewiesen. Schließlich mündet der Pfad auf den breiten Talweg, auf dem man in etwa 15 Minuten wieder in Gunsbach den Parkplatz erreicht.

Galz und Drei Ähren

Ammerschwihr – Meiwihrköpfle – Le Galtz (Galz) – La Main de Fer – Trois Épis (Drei Ähren) – La Main de Fer – Katzenthal – Ammerschwihr

Der Galz ist auf der Karte des Vogesenclubs mit einem großen Stern als Punkt mit besonders schöner Aussicht markiert. Er ist von einer mächtigen Christusstatue auf einem begehbaren Sockel gekrönt. Auf einer Tafel steht der Hinweis, dass sie 1930 als Dank für die Verschonung der dortigen Landschaft vor Verwüstungen des Ersten Weltkriegs aufgestellt wurde. Sie ist zugleich ein Ort des Gedenkens an die Opfer der elsässischen Bevölkerung aus jener Zeit. Der Dank steht in Verbindung mit der Madonna von Drei Ähren, deren Verehrungsstätte nur eine halbe Stunde vom Galzgipfel entfernt liegt. Drei Ähren ist heute nicht nur Wallfahrtsort, sondern auch Höhenluftkurort und ein beliebtes Ausflugsziel der Bewohner von Colmar.

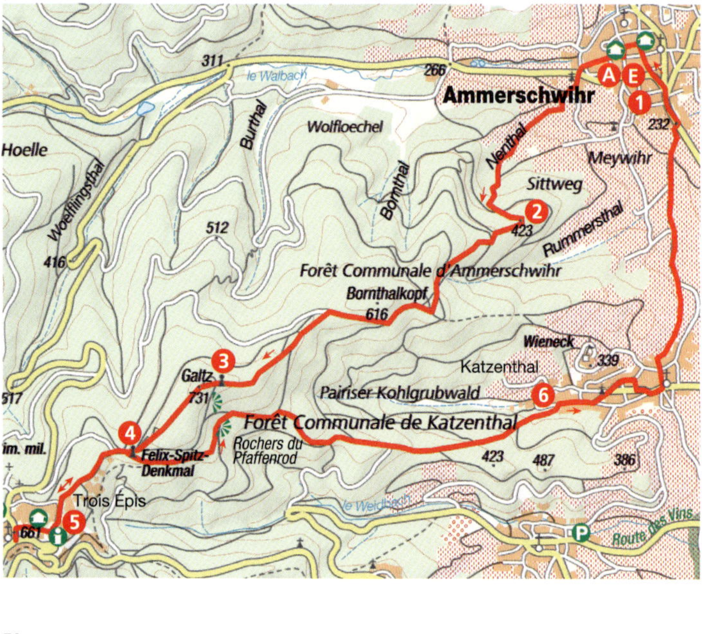

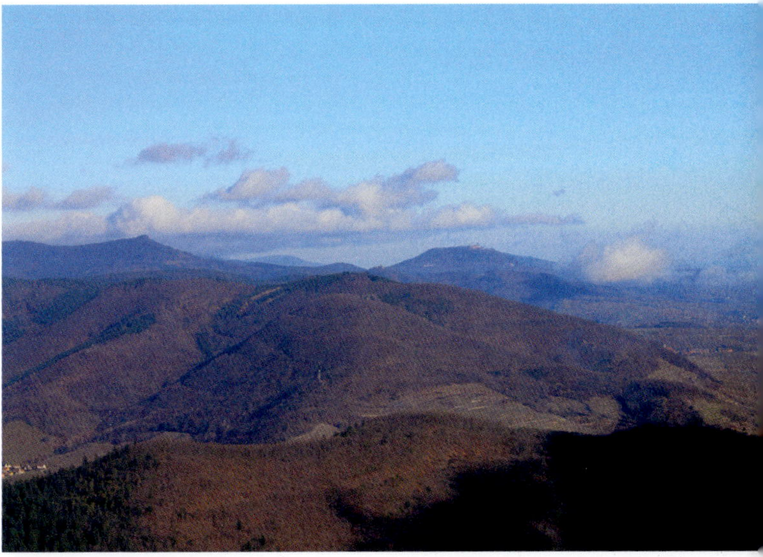

Blick vom Galz nach Norden

- **Ausgangspunkt** *Ammerschwihr*
- **Aufstieg** *2,5 Std.*
- **Abstieg** *2 Std.*
- **Gesamtzeit** *4,5 Std.*
- **Höhenunterschied** *220–730 m*
- **Länge** *14 km*
- **Karte des Vogesenclubs** *Colmar, Kaysersberg 3718 OT*

Wir steigen von ❶ **Ammerschwihr** auf und parken am besten auf dem großen Platz vor dem Hôtel de Ville (Rathaus). Wir gehen rechts am Rathaus vorbei und biegen gleich nach links ab. Nach etwa 50 m stoßen wir auf die Grand Rue, gehen nach rechts an der Ruine des alten Rathauses aus dem 16. Jh. vorbei und folgen der Straße bergauf bis zur Porte Haute (Obertor). Wir durchschreiten das Tor und sehen sogleich rechts an einem Baum den Wegweiser *Le Galtz, Trois Épis (*blauer Punkt). Auf der anderen Straßenseite am Rande der Weingärten steht die Meiwihrkapelle. Links von der Kapelle beginnt der Wanderweg, der bis zum Galz und Trois Épis mit dem blauen Punkt sehr gut markiert ist. Er führt in die Rebberge hinein und

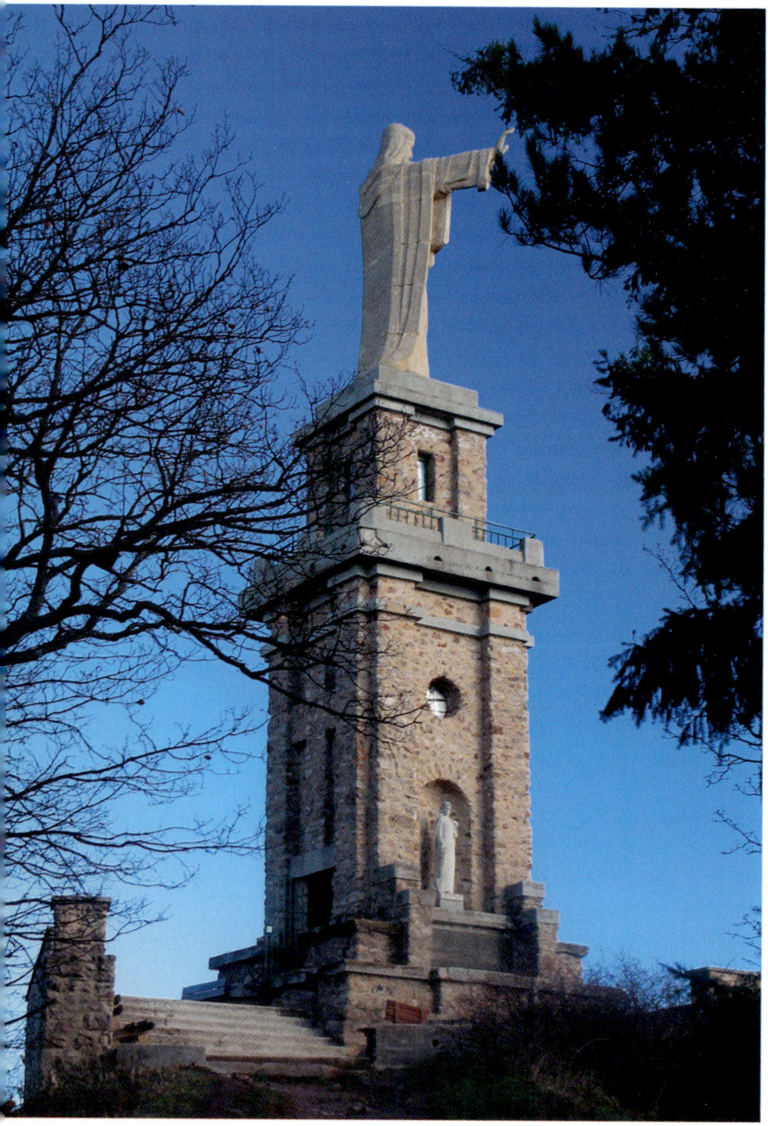

Die Christusstatue auf dem Galz

in einen Kastanienwald, der sich bald lichtet und den Eichen weicht.

Wir erreichen alsbald das Nordende eines Bergkamms. Dort stehen ein Gedenkstein für die Gefallenen des Zweiten Weltkrieges sowie ein hohes verwittertes Holzkreuz (Meiwihrer Kreuz). Wir sind auf dem ❷ **Meiwihrköpfle** (426 m) und halten kurz an, um die schöne Sicht auf die Rebberge und die Dörfer Kientzheim, Siegolsheim und Ammerschwihr zu genießen. Von hier aus geht es nun langsam ansteigend zum Galz durch den Eichenwald weiter bis zu einer Wegkreuzung mit dem Standortschild *Col du Bornthaler Kopf* und mit dem Wegweiser *Monument du Galtz, Trois Épis*. Nach kurzem Anstieg präsentiert sich der Gipfel von ❸ **Le Galtz** (Galz) mit dem kolossalen Monument des Christus, der die Hände segnend nach dem Rheintal ausbreitet. Er krönt die Spitze eines steinernen Podests. Eine Wendeltreppe führt zu einer Balustrade unmittelbar unterhalb der Statue. Von dort aus hat man eine der schönsten Rundsichten des vorderen Vogesenkamms. Der Besuch dieses Berges ist ein einzigartiges und eindrucksvolles Erlebnis.

Wir setzen nun den Weg dem Schild *Trois Épis* folgend abwärts nach Südwesten fort bis zum Denkmal des Colmarer Vogesenclubpräsidenten Felix Spitz, der auch zur Entwicklung des Kartenmaterials des Club Vosgien beigetragen hat.

Ammerschwihr

Das alte Städtlein wurde leider Opfer des letzten Krieges. Von den drei Türmen ist der Oberturm aus dem 13. Jh. erhalten geblieben. Enge Gassen mit schönen alten Häusern führen zu ihm. Sehenswert sind der Schelmenturm, der Wilde-Mann-Brunnen und die Kirche St. Martin. Sie ist eine gewölbte Basilika mit rechteckigem Chor (1585) und birgt einige Holzskulpturen aus dem 15. und 16. Jh. sowie eine bedeutende Orgel von 1758 aus der elsässischen Meisterwerkstatt des Martin Bergäntzel.

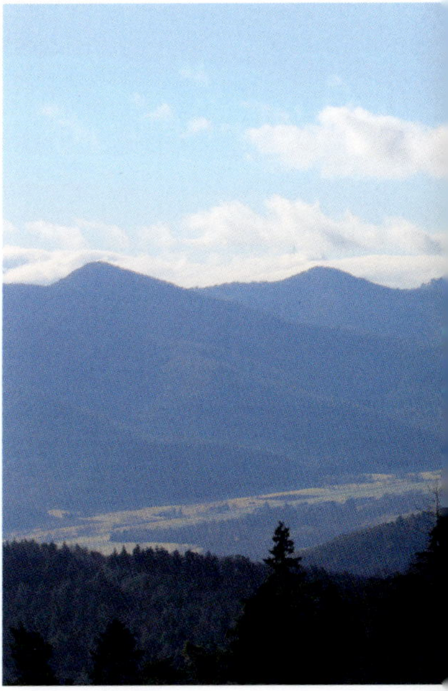

Ausblick vom Galz

Trois Épis (Drei Ähren)

Um den bedeutenden Wallfahrtsort rankt sich eine Legende: Im Jahre 1491 war der Schmied Dietrich Schoere aus Orbey (Urbeis) nach Niedermorschwihr mit seinem alten Klepper unterwegs, um in Zeiten des Hungers etwas Korn zu erstehen. Da erschien ihm auf der Höhe die Muttergottes, in der einen Hand drei Ähren als Symbol reicher Ernte, in der anderen einen Eiszapfen als Sinnbild der Entbehrung. Reiche Ernte wird bei Bekehrung gewährt, Entbehrung droht bei der Fortführung eines sündigen Lebens. Diese Botschaft sollte der Schmied in Niedermorschwihr verkünden. Er traute sich jedoch nicht und schwieg. Als er aber sein Säcklein Weizen auf das Pferd heben wollte, konnte er es nicht von der Stelle rühren. Da verkündete er die Botschaft und berichtete von der Erscheinung der Muttergottes droben im Gebirge.

Am Ort der Erscheinung errichtete man eine Kapelle (1495). Mönche unterschiedlicher Orden betreuten den Wallfahrtsort, heute sind es die Redemptoristen. Die Kapelle wich einer gotischen Kirche, deren Umfassungsmauern an der Kirche aus dem 19. Jh. zu sehen sind. Das Gnadenbild aus dem Ende des 15. Jh. ist auf dem Hauptaltar aufgestellt. Zahlreiche Votivtafeln künden von Heilung und Rettung durch Maria. Das Musée Notre-Dame birgt Stücke aus der Geschichte der Wallfahrt. Man versäume auch nicht, die moderne Kirche mit sehr schönen Glasmalereien zu besichtigen.

Wir gelangen zum Waldplatz ❹ **La Main de Fer** (Eiserne Hand), benannt nach einer krallenartigen Hand an einem Baum – wohl ein früherer Wegweiser –, und gelangen in Kürze nach ❺ **Trois Épis.** Der moderne Kurort liegt auf einem Hochplateau, das nach Südosten hin zum Tal der Fecht abfällt und einen prächtigen Ausblick auf das vordere Münstertal, die Rheinebene, den Schwarzwald, den Jura und die Alpen bietet.

Gegenüber der Wallfahrtskapelle befindet sich der Wegweiser *Le Galtz, Ammerschwihr, Katzenthal, Niedermorschwihr,* der zurück an den Platz La Main de Fer und zum Felix-Spitz-Denkmal führt. Dort weist ein Schild nach *Rocher du Pfaffenrod, Katzenthal* (blaues Dreieck), nach dem wir uns richten. Wir folgen dann dem Wegweiser *Katzenthal* (ohne Zeichen) und finden nach etwa 50 m den Wegweiser *Rocher du Pfaffenrod, Le Galtz, Katzenthal, Niedermorschwihr, Ammerschwihr* (gelbes Dreieck). Wir gelangen nach 5 Minuten zum Rocher du Pfaffenrod, einer Felskanzel mit reizvollem Ausblick. Der Pfad führt auf einen Hangweg, ab dort gilt wieder das blaue Dreieck. (Die Wegweisung klingt etwas

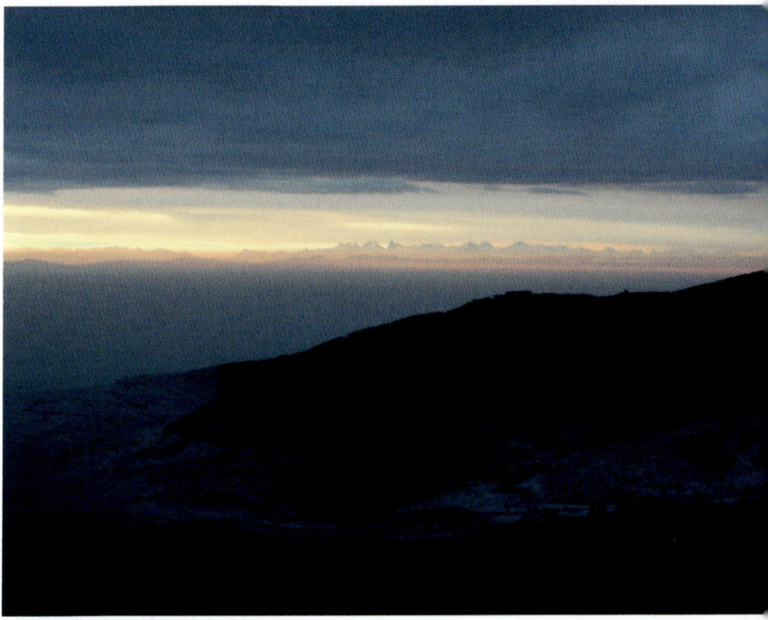

Sonnenaufgang mit Alpensicht

kompliziert, man kann jedoch den Wanderweg nach Katzenthal nicht verfehlen.) Nach weiteren 15 Minuten zweigt ein grabenähnlicher Weg nach links ab. Wir wandern nun bergab und erreichen das von der Burg Wineck gekrönte Weindorf 6 **Katzenthal.**

Wir durchqueren den Ort, der ab Frühling mit vielen Blumen geschmückt ist, in östliche Richtung bergab bis zur Kirche. Nach ihrer Zerstörung im letzten Krieg wurde sie wieder aufgebaut und gefällt vor allem durch ihre schönen, modernen Glasmalereien mit biblischen Szenen. Gegenüber der Kirche ist an der Ostwand des Rathauses der Wegweiser *Ammerschwihr* (gelbes Dreieck) angebracht. Nach dem mit einem Kreuz gekennzeichneten Pfarrhaus biegt man rechts ab und nach 30 m links durch eine schmale Passage mit ansteigender Treppe. Dort ist erneut der Wegweiser *Ammerschwihr,* der uns durch die Reben in nördliche Richtung an den Ausgangspunkt der Wanderung, nach Ammerschwihr zurückgeleitet, vorbei an einem der berühmtesten Weingebiete des Elsass, dem Gewann Kaefferkopf.

Hautes Chaumes

Pairis (Parkplatz Altenheim) – Chèvremont (Geisberg) – Blancrupt – Col du Calvaire – Gazon du Faing (Soultzerer Eck, 1302 m) – Lac Noir (Schwarzer See) – Pairis

Auf dem Vogesenkamm hoch über dem Weißen und Schwarzen See verlief die alte deutsch-französische Grenze von 1871 bis 1918. Dort liegt ein eigenartiges, einige 100 ha großes, unbewaldetes Höhengebiet, die Hautes Chaumes (la chaume = Stoppelfeld, Weide). Damit ist eine weite, nur mit Heidekraut und Heidelbeerbüschen, vereinzelten vom Sturm niedergehaltenen Latschenkiefern und mühsam sich behauptenden Tannen bewachsene Hochebene gemeint. Sie verläuft zwischen 1200 und 1300 m und fällt nach Osten zum Kessel des Weißen und des Schwarzen Sees steil ab. Von kleinen Seitenpfaden kann man in diese Kessel blicken. Der Wanderer hat aber auch wundervolle Rundsichten auf die West- und Südvogesen. Dieses einzigartige Wandergebiet ist unser Ziel.

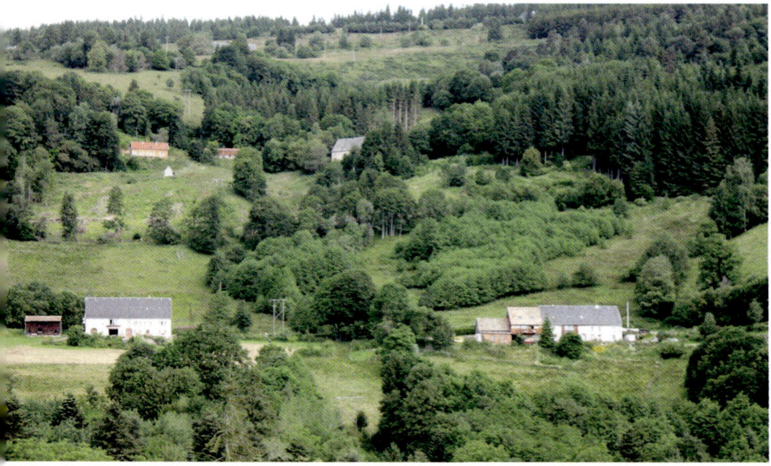

Typische Bauerngehöfte bei Pairis

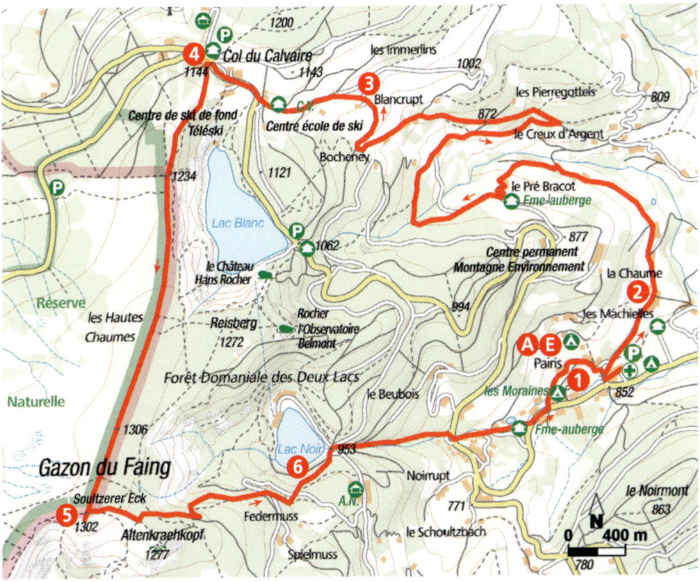

- **Ausgangspunkt** *Pairis*
- **Aufstieg** *3,5 Std.*
- **Abstieg** *1,5 Std.*
- **Gesamtzeit** *5 Std.*
- **Höhenunterschied** *700–1300 m*
- **Länge** *18 km*
- **Karte des Vogesenclubs**
  Colmar, Kaysersberg 3718 OT

Die Wanderung startet in ❶ **Pairis** (bei Orbey, über Kaysersberg D 415), einem 700 m hoch gelegenen Streudorf. Bei der Ortseinfahrt fällt auf der rechten Seite ein großes Gebäude mit langer Front auf. Es handelt sich um ein ehemaliges Zisterzienserkloster, das heute ein Spital ist. Man kann den Wagen auf dem dazugehörenden großen Parkplatz abstellen. Wir gehen an der Front des Gebäudes entlang, vorbei an der angebauten Kapelle, und durchschreiten das alte Klostertor. Gegenüber befindet sich der Wegweiser *Geishof, Orbey par le haut* (rot-weiß-rotes Rechteck und roter Punkt). Unser erstes Ziel ist der Col du Calvaire über Blancrupt (natürlich nicht Orbey). Wir folgen der kleinen Fahrstraße zwischen Spital und Friedhof und bleiben auf dieser Richtung ❷ **Chèvremont,** wo der rote Punkt

Vogesenbauernhäuser

Die Vogesenbauernhäuser stehen mit dem Trauf zum Hang – im Unterschied zum Schwarzwaldbauernhaus, der mit dem Giebel zum Tal schaut und daher von der Hangseite mühelos die Einfahrt in den Heuboden gewährt. Die Einfahrt von der Bergseite ist beim Vogesenbauernhaus daher ein Problem und erfordert oft mächtige, aus Mauersteinen gefertigte Auffahrtbauten. Sie stellen zuweilen beinahe eine halbe Brücke dar.

Durch den Raumbedarf von Mensch und Tier ist die Front des Hauses sehr lang. Ein Teil des Bauernhauses, der Wohnteil, ist mit Fenstern versehen. Der Ökonomieteil ist nahtlos angeschlossen und äußerlich an den kleinen Stallfenstern und einem oder zwei meist gerundeten Eingangstoren erkenntlich. Die Bauernhäuser in den Vogesen sind allgemein in einem sehr guten Zustand.

Kloster Pairis

In anmutiger Wiesenlandschaft lag hier das einst so bedeutende Zisterzienserkloster Pairis, das ab 1452 der Abtei Maulbronn unterstellt war. Öfter waren Abt und Konvent in den Reformationswirren jahrelang in Pairis, bis der Maulbronner Konvent 1649 endgültig dorthin übersiedelte. Während der Französischen Revolution wurde das Kloster auf Abbruch versteigert. Lediglich der Konventsbau blieb übrig, in dem ein Spital eingerichtet wurde. Der heutige imposante Bau, der ein Altersheim beherbergt, ist eine gelungene Restaurierung nach einem Brand im Jahr 1910. Kurz vor 1900 wurde die neoromanische Kapelle an den Spitalbau angefügt; vom ehemaligen Kloster ist noch das Klostertor erhalten. Am Spitalbau ist das Klosterwappen eingefügt. Die wertvolle Bibliothek mit liturgischen Handschriften und das Klosterarchiv befinden sich in Colmar.

bald durch einen gelben abgelöst wird, mit dem Wegweiser *Lac Blanc* (Weißer See, der aber nicht unser Ziel ist). Wir folgen nun immer dem gelben Punkt, bis wir auf einen Pfad mit blauem Kreuz treffen. Wir halten uns rechts (nach links geht es zum Weißen See) und folgen dem Wegweiser *Orbey par Blancrupt*. Dann stoßen wir auf ein kurzes asphaltiertes Wegstück (rechts halten, zunächst kein Wegweiser) und finden wieder das blaue Kreuz. Der Pfad zieht sich leicht abfallend den Hang entlang mit wunderschönen Ausblicken in das Tal. Er mündet auf den Weg, der von Orbey zum Col du Calvaire führt (Wegweiser *Lac Blanc, Calvaire* mit blauem Rechteck). Nun orientieren wir uns stets am blauen Rechteck und steigen in westliche Richtung über ❸ **Blancrupt** sowie ein Skizentrum passierend zum Pass hinauf (1145 m).

Bei diesem Aufstieg auf den Höhenweg begegnen wir dem Gegenstück zum Schwarzwaldbauernhof, dem Vogesentyp des Bauernhauses: ein traufseitig an den Hang gestelltes Einhaus, bei dem Mensch und Vieh unter einem Dach untergebracht sind.

An der Passstraße des 4 **Col du Calvaire** angelangt, überqueren wir die Straße und halten uns rechts. Nach links mündet ein breiter Fahrweg ein. Links an einer Tanne befindet sich das rote Rechteck des Fernwanderwegs GR 5. (Wir orientieren uns also nicht an dem Wegweiser *Gazon du Faing* mit rot-weiß-rotem Rechteck.) Der Fahrweg geht in einen Pfad über, den wir nun stets in südliche Richtung weiterwandern, während wir immer dem roten Rechteck folgen. Bald macht der verwitterte Tannenwald den niedrigen Latschenkiefern Platz. In einer halben Stunde stehen wir bei dem alten Grenzstein auf 1236 m Höhe, auf dem Reisberg sind es 2770 m. Die Wanderung auf dem Kamm durch die Hautes Chaumes, immer zwischen 1200 m und 1300 m Höhe, ist von einzigartiger Schönheit. Über das Weidefeld hinweg, das sich nach

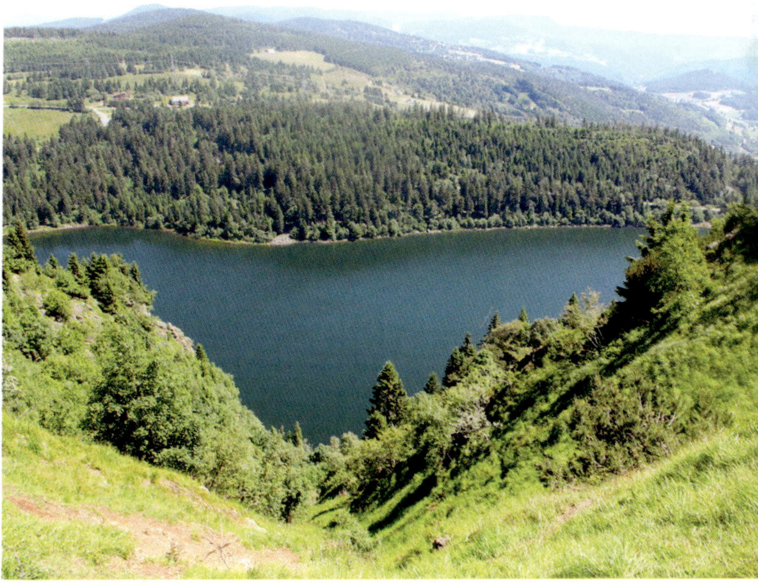

Der Weiße See

Chaume

Das Wort »chaume« (Synonym: »gazon«) leitet sich vom spätlateinischen Wort »calmis« ab und bedeutet: »ein Ort, welcher der Beweidung überlassen wurde«. In den Vogesen versteht man darunter weite Graslandschaften mit Latschenkiefern und Sträuchern, die der extremen Witterung trotzen. Von »Hautes Chaumes« spricht man, wenn diese Flächen über 1000 m Höhe liegen. Man unterscheidet primäre Chaumes, die sich auf natürliche Weise gebildet haben, von sekundären, die aus der Umwandlung in landwirtschaftliche Nutzflächen resultieren. Die Chaumes von Orbey, Pairis, Lac Blanc mit dem Zentrum des Gazon du Faing wurden seit dem Mittelalter als Hochweiden bewirtschaftet. Die Grafen von Rappoltstein verwalteten die Beweidung, welche eine wichtige Einnahmequelle darstellte. Es gab strenge Regeln: Die Weiden, die zwischen 1300 und 1600 zugeteilt wurden, kontrollierte man genau, um Über- oder Unterbeweidung zu vermeiden. Die Fläche ernährte im Sommer 8000 Rinder. Man rechnete, dass 1 ha für ein Rind ausreichte. Die Hirten durften eine Hütte errichten, die im Herbst wieder abgebaut werden musste. Noch im 19. Jh. war die Milch der Hochweiden für die Käseproduktion hochbegehrt.

Die Hautes Chaumes werden heute nicht mehr bewirtschaftet. Auf ihnen hat sich eine einzigartige Flora entwickelt. Sie sind ein Naturschutzgebiet, das auf der Liste Natura 2000 steht.

Westen hin leicht senkt, sehen wir in der endlosen Weite Berg neben Berg, Bergrücken an Bergrücken, durch Täler zerklüftet, bis alles in westlicher Ferne im Dunst verblasst. Die Latschenkiefern nehmen zwar die Sicht nach Osten. Aber es sind Wegschneisen gehauen, die ab und zu einen Blick hinunter zum Kessel des Weißen Sees zulassen.

Wir gelangen an den 5 **Gazon du Faing** mit dem Grenzstein 2779. Das Soultzerer Eck, benannt nach dem südöstlich gelegenen Ort Soultzeren (Sulzern), ist eine kleine Felsenanhöhe, umgeben von einem Latschenkieferwäldchen. Die bisher starr von Nord nach Süd verlaufende alte Grenze wendet sich in einem Knick nach Westen. Es lohnt sich unbedingt, noch ein Wegstück weiterzugehen. In geringer Entfernung von dieser Anhöhe fällt der nun völlig kahle Kamm steil ab zum Lac du Forlet (Forlenweiher), und man sollte sich den Blick in den Kessel nicht entgehen lassen. Man kann außerdem noch eine geringe Strecke zum Taubenklangfelsen weiterwandern, um ins Münstertal zu blicken.

Wir gehen zurück zum Soultzeren Eck und richten uns nun nach dem

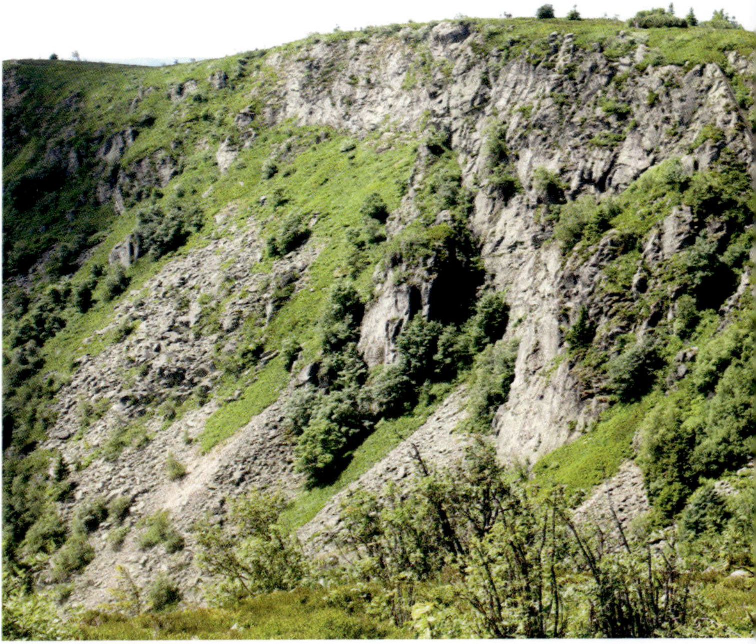

Das Kar des Taubenklangfelsens

Wegweiser *Lac Noir* (rot-weiß-rotes Rechteck und blauer Punkt). Grobe Steine und Wurzeln machen den Abstieg nicht ganz leicht. Aber bald hört man das Rauschen des Baches, der von den Felswänden in den **6 Lac Noir** hinabstürzt, und sieht auch schon den See durch den Tannenwald heraufblinken.

Rechts von der Fahrstraße, die von Orbey heraufführt, findet sich der Wegweiser *Orbey par Pairis* (rot-weiß-rotes Rechteck). Wir gehen auf dem Fußpfad, der uns durch das kleine Tal führt, zurück zu unserem Ausgangspunkt. Dabei folgen wir immer dem Bach, der den Abfluss des gestauten Sees nach Pairis bildet. Bei einer großen Fischzuchtanlage stößt der Wanderweg auf die Fahrstraße, und das Wegzeichen verlässt den Wanderer.

Wir gehen etwa 150 m auf der Fahrstraße und biegen nach links in eine kleine Straße ein (Schild: Camping). Auf ihr wandern wir 10 Minuten bis zu einem Bauernhof. Dort geht ein Pfad über die Wiese rechts hinunter, und wir erreichen wieder in Pairis die alte Klosterpforte.

Sérichamp

Étang des Dames (Damenweiher bei Le Rudlin) – Ciregoutte – Col du Sifflet – Chaume de Sérichamp – Roches du Valtin – Étang des Dames

Blickt man vom Gebirgskamm nördlich der Schlucht – etwa vom Gazon du Faing – auf die westlichen Berge und Kämme hinüber, fällt auf, dass es dort kaum kahle Höhen gibt. Sie sind von Wäldern überzogen. Das mag daran liegen, dass durch das nach Westen abfallende Gebirge die Baumwuchsgrenze nicht erreicht wird oder im Mittelalter für die Weidewirtschaft weniger gerodet wurde. Eine Ausnahme entdeckt man nicht weit vom Kamm: den Sérichamp, westlich vom Tal der Grande Meurthe gelegen. Sittler nennt ihn in seinem Vogesenführer »einen der schönsten Aussichtspunkte der Vogesen mit einem prächtigen Panorama«. Steht man dann oben auf der Chaume, so kann man Sittler nur beipflichten: Die Sicht nach Südosten und Süden ist großartig. Wir wandern in einem abgelegenen Gebirgsland und gehen auf dem Rückweg über eine abenteuerliche Felsengalerie.

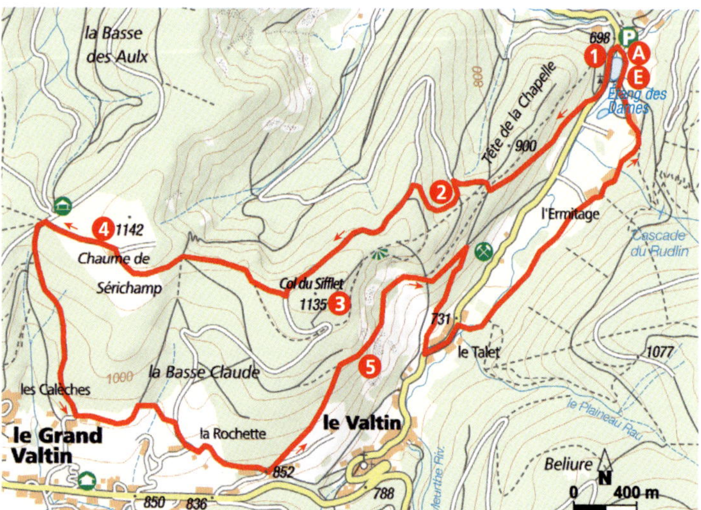

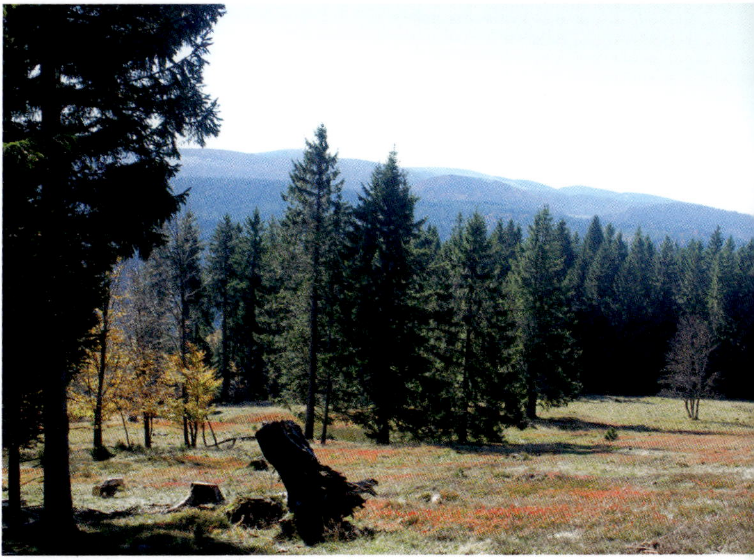

Sicht vom Sérichamp auf die Crête

- **Ausgangspunkt** *Étang des Dames (Damenweiher bei Le Rudlin)*
- **Aufstieg** *2 Std.*
- **Abstieg** *2,5 Std.*
- **Gesamtzeit** *4,5 Std.*
- **Höhenunterschied** *692–1141 m (und 130 m Aufstieg zu den Felsen von Le Valtin)*
- **Länge** *13 km*
- **Karte des Vogesenclubs** *Le Hohneck, Géradmer 3618 OT*

Diese Wanderung beginnt am ❶ **Étang des Dames** (692 m) etwa 2 km nördlich von Le Valtin. Dorthin gelangt man über den Col de la Schlucht (D417); man biegt nach 2 km auf die D23 H nach Norden ab in das Tal der Meurthe. Orientieren kann man sich gut an einer im Tal liegenden neugotischen Kapelle; nach 100 m zweigt nach rechts ein Weg zu einem Parkplatz am Weiher ab. Wir gehen 100 m auf der Landstraße zur Kapelle zurück. Dort befindet sich der Wegweiser Sérichamp (mit rotem Kreuz). Der Wanderweg weist zahlreiche Abzweigungen auf, die man beachten muss, ist aber gut gekennzeichnet.

Nach einem zweistündigen Aufstieg durch schönen Hochwald über die Kreuzung ❷ **Ciregoutte** und einen Pass, den ❸ **Col du Sifflet,** erreichen wir die ❹ **Chaume de Sérichamp** (1141 m). Von der waldfreien Hochweide (44 ha) eröffnet sich eine einzigartige Aussicht auf die Waldkämme im Osten, welche die Hautes Chaumes begrenzen. Im Südosten blickt man auf Le Tanet sowie die ganze Bergkette der Crête vom Hohneck bis zum Rothenbachkopf. Wir sehen nun den uns bekannten Hauptkamm der Vogesen aus einer neuen Perspektive, nämlich von Westen. Im Süden erblicken wir die unendlich erscheinende Bergwelt, die sich mit ihren Kämmen und Tälern in weite Fernen verliert. Am Südhang der Weidefläche liegen die Mauern einer ehemaligen Sennerei. Ihr Trogbrunnen ist noch da und spendet köstliches kühles Wasser.

Wir überqueren die Hochweide in westliche Richtung, indem wir immer der Markierung mit dem roten Kreuz folgen. Wo der Wald beginnt, befindet sich ein Holzplatz mit Hinweistafeln auf das besondere Schutzgebiet des Sérichamp. Dort ist auch der Wegweiser, nach dem wir uns richten: *Le Grand Valtin, Le Valtin* (gelbes Dreieck). Unsere

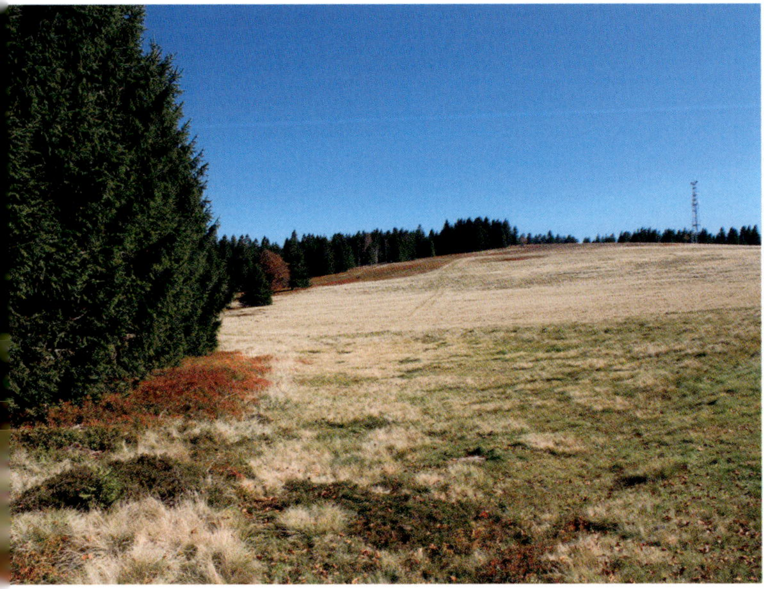

Auf der Chaume de Sérichamp

Richtung ist allerdings Le Valtin und nicht Le Grand Valtin, die Route teilt sich später. Der Weg zieht sich nach deutlichem Abstieg den Weidehängen entlang in östliche Richtung mit schönen Blicken auf das Tal der Petite Meurthe. Nach dem Passieren des Ortes La basse Claude gelangen wir über ein kurzes Stück Fahrstraße wieder auf den mit gelbem Dreieck gezeichneten Wanderweg und dürfen eine nur schwer sichtbare Abzweigung nach rechts auf die Weiden nicht übersehen (der Wegweiser ist nur von oben kommend sichtbar). Schließlich erreichen wir wieder eine Fahrstraße, und hier endet der Weg mit dem gelben Dreieck. Links steht ein Wasserreservoir; kurz danach zweigt der Wanderpfad mit rotem Dreieck und dem Wegweiser *Roches du Valtin* ab. Der Pfad steigt nun rund 130 m auf 980 m an, bis man zum Schild mit grünem Kreis gelangt, das die Felsenpartie 5 **Roches du Valtin** anzeigt. Man hat von dem Hauptfelsen eine wundervolle Aussicht auf das Tal der Meurthe. Dieser Weg sollte allerdings nur bei trockenem Wetter begangen werden. Der Abstieg ist sehr steil und verlangt daher eine gute Trittsicherheit. Es gibt keinerlei Absicherungen.

In einer scharfen Kurve führt der Pfad nach rechts hinab zur Fahrstraße. Dort endet die Markierung mit dem roten Dreieck. Wir gehen entlang der Fahrstraße etwa 100 m

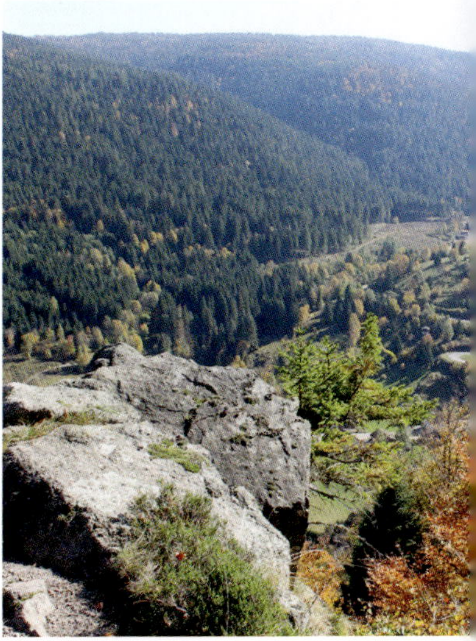

Das Tal der Meurthe – Sicht von den Valtinfelsen

nach links, also in nördliche Richtung. Dort ist eine Brücke, über die wir die Meurthe überqueren. Auf der jenseits des Flusses liegenden Seite führt eine (geteerte, aber nicht befahrene) Waldfahrstraße den Fluss entlang zum Étang des Dames (mit grünem Kreuz).

Wer den steilen Abstieg von den Roches du Valtin scheut, kann an der Straßenkreuzung, wo links das Wasserreservoir steht, dem nach rechts weisenden Wegweiser *Le Valtin* (auch mit rotem Dreieck) in Richtung Dorf folgen. Ein mit grünem Kreis gekennzeichneter Pfad führt oberhalb von Le Valtin ebenfalls zur Brücke über die Meurthe.

11

Lac Vert

Col du Wettstein – Les Hautes Huttes – Lac du Forlet (Forlenweiher) – Lac Vert (Grüner See) – Seestaettle – Le Tanet (Tannecksattel, Tanneckfelsen) – Gazon du Faing (Soultzerer Eck) – Haufenwannkopf – Les Hautes Huttes – Col du Wettstein

Zwischen dem Col du Bonhomme und der Schlucht fallen vom Gebirgskamm der Vogesen steile Felswände alpinen Charakters nach Osten hin ab, die der Gebirgslandschaft dort ihr besonderes Gepräge geben. Am Fuß dieser Wände haben sich in den Gletscherkesseln Seen gebildet. Der Reiz einer Wanderung zum Lac du Forlet und Lac Vert besteht jedoch nicht nur in dem schönen Blick auf diese tief in den Talkesseln eingebetteten Seen. Man bestaunt beim Anstieg auch die jäh abstürzenden Steilwände und nach deren Überwindung die weite Sicht, die man vom Pfad des Bergkamms nach Osten – in die Ferne und in die Schluchten – sowie nach Westen hat.

- **Ausgangspunkt** *Col du Wettstein*
- **Aufstieg** *4 Std.*
- **Abstieg** *1,5 Std.*
- **Gesamtzeit** *5,5 Std.*
- **Höhenunterschied** *ca. 650 m (mit den An- und Abstiegen zum Grünen See und auf dem Kammweg)*
- **Länge** *18 km*
- **Karten des Vogesenclubs** *Colmar, Kaysersberg 3718 OT und Le Hohneck, Géradmer 3618 OT*

Die Wanderung beginnt am ❶ **Col du Wettstein** (880 m), den man über Orbey erreicht. Wir parken gegenüber dem Eingangstor des französischen Soldatenfriedhofs oder 100 m weiter an der großen Straßenkreuzung. Dort sehen wir auch rechts den Wegweiser *Lac du Forlet* (gelbes Rechteck) neben anderen Angaben. Das ist das erste Ziel. Wir steigen den Waldweg gemächlich bergan bis zur Wegkreuzung ❷ **Les Hautes Huttes,** die durch ein weißes, grün umrandetes Schild an einer Eisenstange gekennzeichnet ist.

Dort sind zahlreiche Wegweiser angebracht. Wir richten uns wieder nach dem *Lac du Forlet* (gelber Punkt).

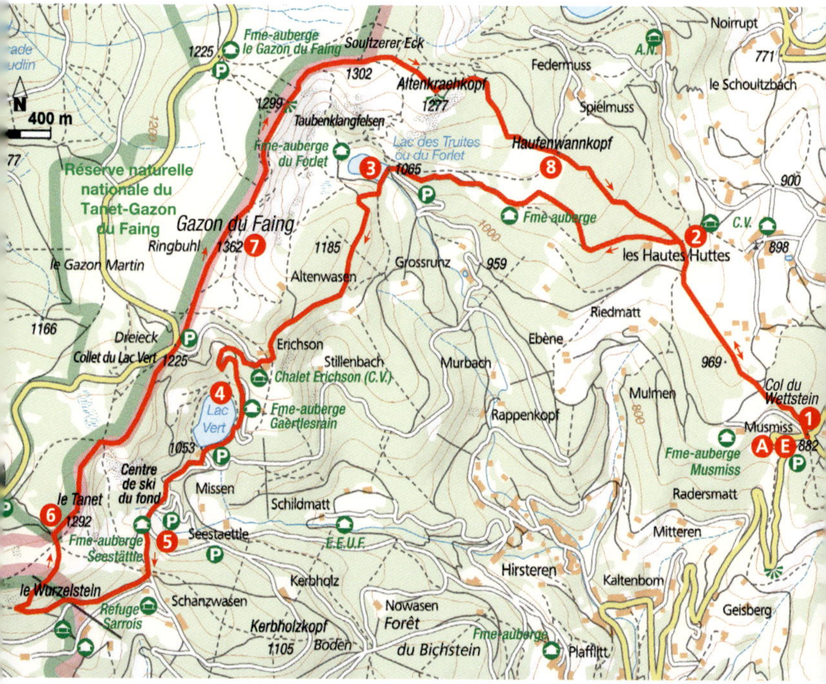

Den Wegweiser *Lac Vert* (mit gelbem Punkt) lassen wir unbeachtet. Die Markierung führt uns über prächtige Weideflächen, die mit Schatten spendenden, mächtigen Fichten und Tannen (als Sonnenschutz für die Tiere) im Sommer bewachsen sind. Bald haben wir eine schöne Sicht ins Soultzerer Tal, auf die Kämme südlich und nördlich der Schlucht und nach Süden hin auf die Berge bis zum Markstein. Vor allem beeindruckt der Blick auf die steilen Felswände unterhalb des Bergkamms. Wir erreichen den ❸ **Lac du Forlet** (1061 m). Er schiebt sich als ein großes Rechteck in den Bergkessel hinein, der von den fast senkrecht abfallenden Berghängen des Gazon du Faing (Soultzerer Eck) gebildet wird. Auf den Wegweisern steht teilweise für diesen See auch *Lac des Truites* (Forellenweiher); dies ist jedoch eine falsche Übersetzung des Wortes »Forle«.

Der Weg zum Grünen See (Lac Vert) führt links am Seewärterhäuschen vorbei und steigt in Serpentinen den Hang hinauf (die gelben Punkte beachten). Wir gehen unterhalb des Bergkamms nach Süden

Lac du Forlet (Forlenweiher): Ort der Verschwörung

Münster war bis 1648 freie Reichsstadt und mit neun umliegenden Dörfern ein unter kaiserlichem Schutz stehender Freistaat »Stadt und Tal Münster im Gregoriental«. An der Spitze dieses Staatswesens stand ein Rat von 16 Ratsherren. Nach der Eingliederung der freien elsässischen Reichsstädte in das französische Königreich (1648) war es mit der Eigenstaatlichkeit vorbei.

Die Seematte am Fuß der Felsenwand diente den Abgesandten des freien Talstaats Münster als Ort, an dem sie in einer mondhellen Herbstnacht des Jahres 1726 den »Rütlischwur« auf die Bibel vollzogen: Es galt, die alte Ordnung und Obrigkeit im Tal gegen den französischen König wiederherzustellen. Gewiss ein romantischer Ort, aber ein nutzloses Unterfangen. Der im Frühjahr 1727 beginnende Aufstand wurde durch das von Colmar mit zehnfacher Übermacht heranrückende französische Heer jäh ausgelöscht. Zu früh hatte man schon auf dem Platz um den Löwenbrunnen in Münster den Sieg ausgerufen.

den Hang entlang mit schönen Blicken ins Tal und gelangen auf eine Waldfahrstraße. Sie führt in Schleifen zum See hinunter, den man schon durch die Bäume glänzen sieht. Kurz vor Erreichen des Sees gabelt sich der Weg. Wir halten uns rechts, wo an einer Tanne ein roter Punkt

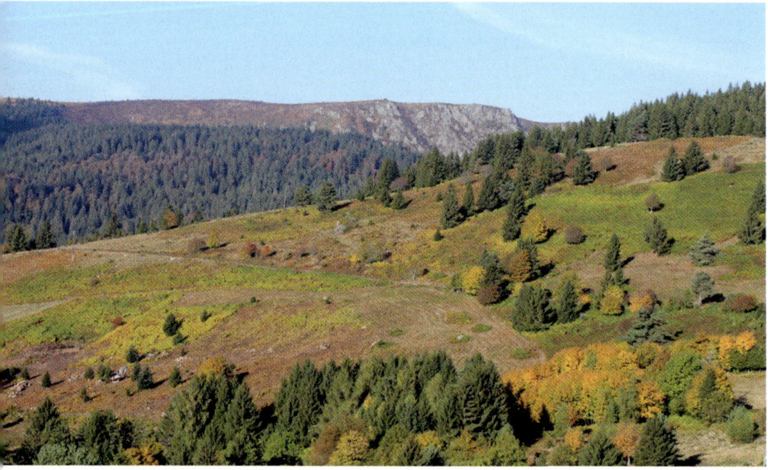

Herbstlandschaft mit Vogesenkamm

angebracht ist. Der ④ **Lac Vert** (1044 m) macht seinem Namen Ehre; das Wasser hat eine deutlich grüne Färbung. Der See ist wunderschön in einen umwaldeten Kessel eingelassen. Wir gehen die Staumauer entlang und sehen links den Wegweiser *Seestaettle* (mit blau-weiß-blauem Rechteck), kurz darauf erreichen wir die Auberge ⑤ **Seestaettle.**

Unser nächstes Ziel ist Le Tanet (Tanneckfelsen). Wir gehen unmittelbar am Ferme-Gebäude vorbei, an dem ein Wegweiser mit blau-weiß-blauem Rechteck angebracht ist (Le Tanet wird nicht aufgeführt). Wir folgen dieser Markierung und gelangen nach etwa 600 m an eine Kreuzung mit einigen Zielangaben, darunter auch *Le Tanet* (blaues Dreieck und roter Punkt). Ein breiter Waldweg steigt nun gemächlich bergan und führt zum Col du Tanet und ⑥ **Le Tanet,** einem Felsgebilde mit herrlicher Aussicht. Wir befinden uns nun auf der Crête (Kamm) und damit auf dem einzigartigen Höhenpfad (mit rotem Rechteck GR 5), der sich in den Vogesen von weit im Norden bis zum Ballon d'Alsace (Elsässer Belchen) hinzieht. Er gewährt meist freie Sicht nach Osten und Westen. Bald nach dem Tanneck führt der Weg durch niederen Bergwald mit verwitterten und vom Sturm gekrümmten Windbuchen. Nach links lässt er den Blick frei auf ein großes Hochmoor (Tourbière), eben daliegend in seiner einsam bedrückenden Weite. Allenthalben begleiten uns die Grenzsteine der deutsch-französischen Grenze von

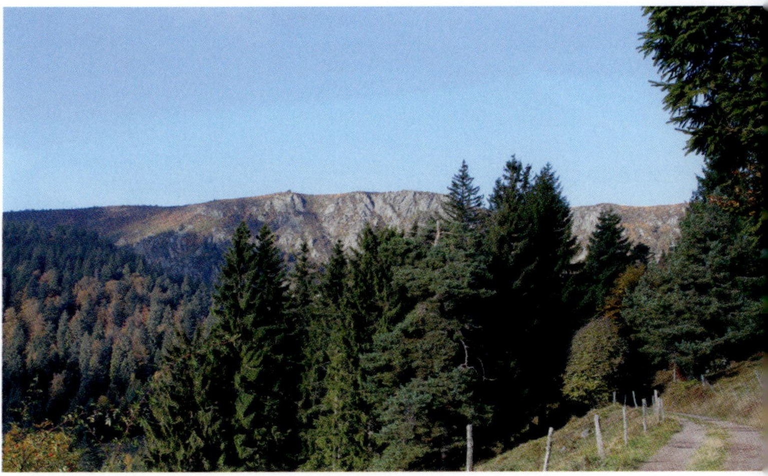

Auf dem Weg zum Lac du Forlet (Forlenweiher)

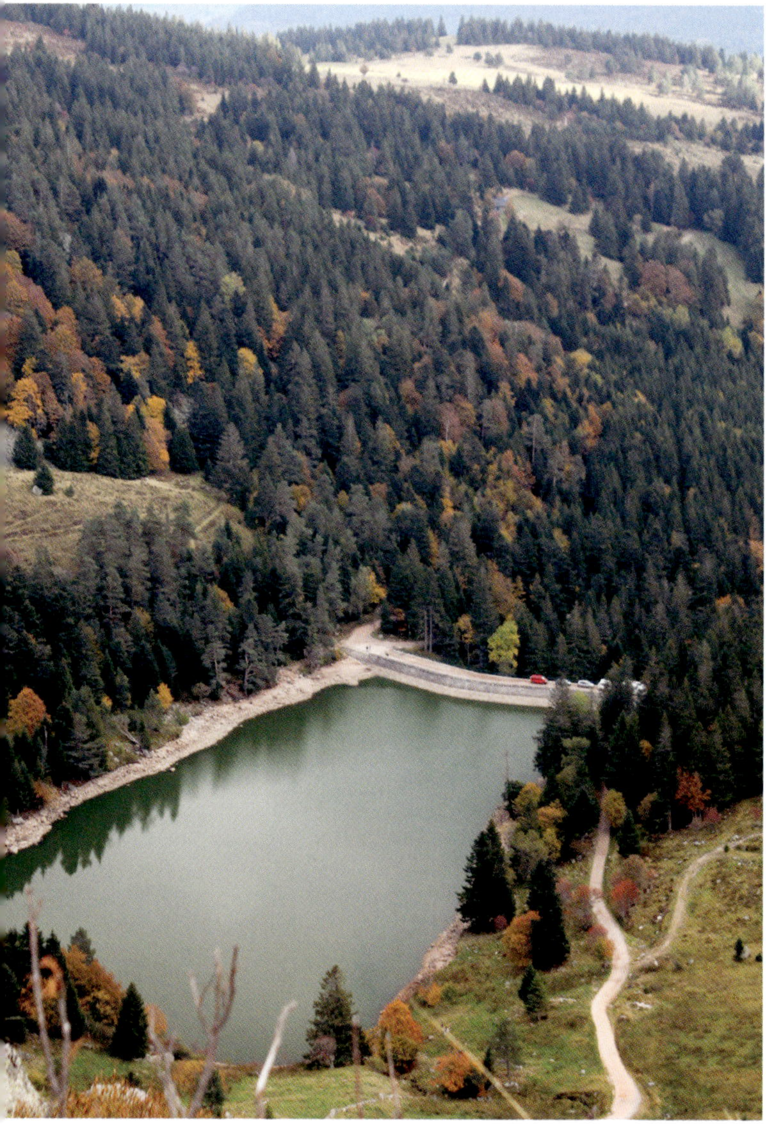

Blick auf den Forlenweiher vom Tanneck

Lac Vert (Grüner See)
Der Grüne See gilt als einer der eindrucksvollsten Gletscherseen der Vogesen. Er ist im 15. Jh. durch einen Gebirgsabbruch entstanden und umfasst 7,2 ha, ist 360 m lang, 215 m breit sowie 17 m tief. Er fasst etwa 60 000 m^3 Wasser. Seine Grünfärbung wird mit dem Wuchs von Algen in den Monaten Juni und Juli erklärt. Wegen seiner einzigartigen Lage im Bergkessel des Tanneckmassivs ist er eine Touristenattraktion. Schon zweimal diente er als Kulisse für Spielfilme. Das bedeutet zugleich eine Gefährdung für die Natur. Baden ist verboten; um den See hat man einen Weg mit Stegen angelegt, damit der Wald geschont wird. Er ist ohnehin durch das Alter der Fichten und Tannen bedroht.

1871, in die nach Osten ein D, nach Westen ein F eingemeißelt ist. Die Schmalseite trägt eine Zahl, die auf dieser Strecke zwischen 2795 und 2780 liegt. Wir folgen nun immer dem roten Rechteck, kommen vorbei am Gazon de Faîte (Ringbühlkopf, 1301 m) und am Roche du Gazon du Faing (Taubenklangfelsen). Von dem Felsmassiv, das aus mehreren übereinandergeschichteten Blöcken besteht, hat man eine großartige Sicht auf den Forlenweiher. Wir kommen von da alsbald an den 7 **Gazon du Faing** und wandern von dort hinunter zu unserem Ausgangspunkt Col du Wettstein.

Am Gazon du Faing ist neben anderen Wanderzielen die nach Osten zeigende Wegangabe *Col du Wettstein* (gelbes Dreieck) angebracht. Wir steigen ihr folgend ab, überqueren eine Wegkreuzung und biegen nach leichtem Anstieg dem gelben Dreieck folgend nach links auf einen Pfad ab, der durch den Wald zum 8 **Haufenwannkopf** führt. Von dort geht es über Weideland hinunter zu der Wegkreuzung Les Hautes Huttes, von der aus wir auf dem Hinweg zum Forlenweiher gewandert sind. Wir nehmen denselben Weg zum Col du Wettstein zurück.

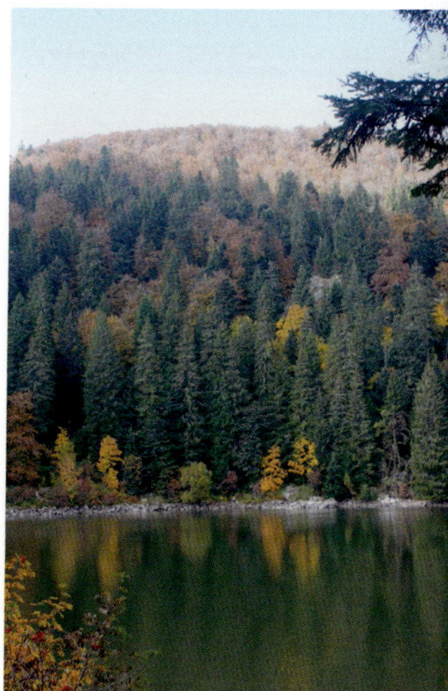

Der Forlenweiher

12

Tête du Staufen

Eguisheim – Refuge du Staufen (Schutzhütte) – Tête du Staufen (Staufenkopf) – Col de Marbach (Marbacher Höhe) – Preventorium St. Marc – Husseren (Häusern) – Eguisheim

Das vordere Tal der Fecht (Münstertal) schneidet aus dem Gebirge ein Dreieck heraus, an dessen Ostrand berühmte Winzerdörfer nach Süden hinunter wie an einer Perlenkette gereiht liegen: Winzenheim, Wettolsheim und Eguisheim. Der höchste Berg dieses Dreiecks ist der Staufen (auch Stauffen). Er ist das Ziel unserer Wanderung.

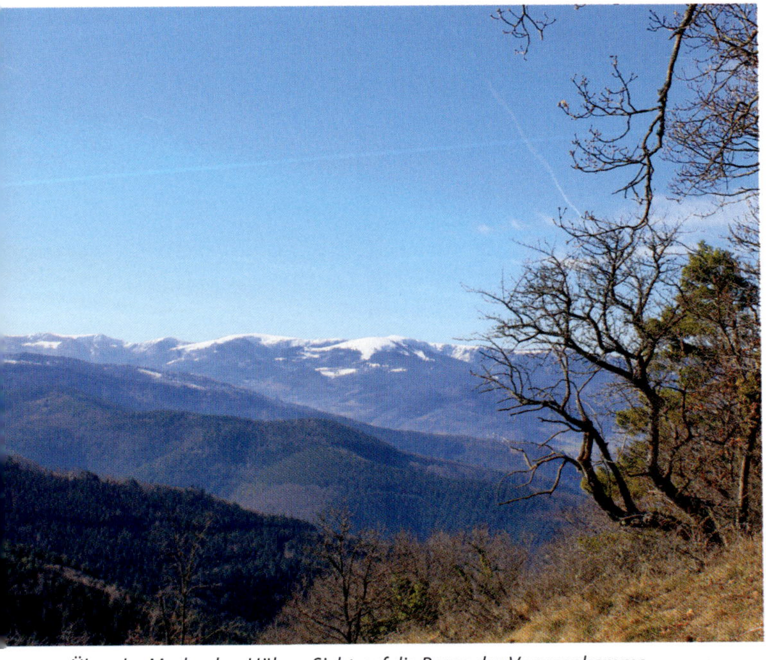

Über der Marbacher Höhe – Sicht auf die Berge des Vogesenkamms

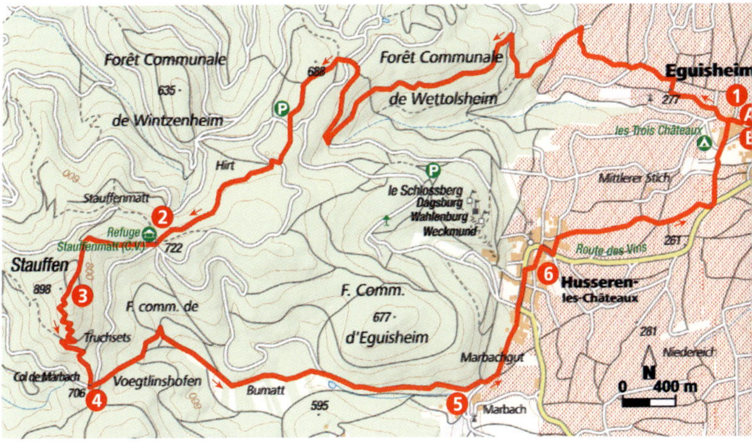

- **Ausgangspunkt** *Eguisheim*
- **Aufstieg** *3 Std.*
- **Abstieg** *2,5 Std.*
- **Gesamtzeit** *5,5 Std.*
- **Höhenunterschied** *200–900 m*
- **Länge** *18 km*
- **Karten des Vogesenclubs** *Colmar, Kaysersberg 3718 OT und Bussang, La Bresse 3619 OT*

Ausgangspunkt ist **1 Eguisheim** (Egisheim). Man parkt am besten an der Place de l'école (Schulplatz); an der Westseite des Platzes steht ein Brunnen mit rundem Trog. 30 m westlich des Brunnens ist der Wegweiser *Hagueneck* mit blauem Kreuz links an einem Zaun angebracht. Wir folgen zunächst dieser Wegweisung, obwohl die Ruine Hagueneck nicht unser Ziel ist, und gehen etwa 150 m auf der geteerten Fahrstraße. Wir nehmen den zweiten rechts abbiegenden Feldweg (Wegweiser blaues Kreuz), der in die Rebberge hineinführt. Der gut markierte Weg bringt uns in Kürze auf die Höhe des nach Eguisheim abfallenden Rebhügels, senkt sich rechts nach Norden ab und führt zum Waldrand. Am Schild *Hagueneck* gehen wir links und kommen an einem Kahlhang vorbei, um den der Weg (blaues Kreuz) links herum aufwärtsführt.

Nach etwa 400 m (vor einem Sperrschild für Kfz) steht erneut der Wegweiser *Hagueneck* (blaues Kreuz). Wir folgen diesem Pfad, der durch den Wald rechts auf die Höhe führt, und stoßen nach etwa 1 km

Kultur in Eguisheim

Eguisheim sollte man nicht verlassen, ohne einen Rundgang innerhalb der Stadtmauer auf dem ehemaligen Wallgraben gemacht zu haben (Wegweiser *Circuit de visite*). Das Weinstädtchen hat sich rund um seine ehemals mit einem Graben umgebene Wasserburg der Grafen von Eguisheim entwickelt. Aus diesem Geschlecht stammt Bruno, der zuerst Bischof von Toul wurde und dann unter dem Namen Leo IX. (1048–1054) das Amt des Papstes innehatte. Er hat die achteckige Abteikirche von Ottmarsheim eingeweiht und blieb bis heute der einzige elsässische Papst. Die später als Kaiserpfalz benutzte Stadtburg wurde während der Französischen Revolution abgebrochen und vor 1900 von Winkler im neoromanischen Stil wieder aufgebaut. Damals wurde auch die (völlig überladene) St.-Leo-Kapelle angefügt.

Zahlreiche gut erhaltener Häuser aus dem 16. Jh., teilweise mit Laubengängen und Erkern, sowie schöne alte Höfe machen Eguisheim ähnlich wie Riquewihr zu einer Perle des Elsass. Im Turm der im 19. Jh. neu errichteten Kirche hängt die Glocke aus dem ehemaligen Kloster Marbach, eine Stimme aus einer längst entschwundenen, mittelalterlichen Welt.

auf eine Waldfahrstraße. Rechts ist der Wegweiser *Hagueneck* (rote Raute) angebracht, den wir unbeachtet lassen. Wir biegen nach links in die Waldfahrstraße, die in sanfter Steigung den Berg hinaufführt. Sie ist nicht markiert, aber man kann den Weg nicht verfehlen.

Er trifft in einer Haarnadelkurve auf einen von links unten kommenden Fahrweg. Wir biegen scharf rechts in diesen Weg (Markierung: gelber Punkt) ein, der als Waldlehrpfad leicht hochzieht und zu einer großen Kreuzung führt. Wir biegen nach links und folgen dem Wegweiser *Hohlandsbourg* (gelber Punkt). Nach etwa 100 m stoßen wir auf eine geteerte Fahrstraße. Links am Baum befindet sich der Wegweiser *Staufen, Hohlandsbourg*. Wir überqueren die Straße und nehmen einen nach rechts abbiegenden Pfad (gelber Punkt). Er mündet nach 50 m in einen steil ansteigenden Waldweg; wir biegen nach links (keine Markierung) und steigen hinauf auf den Kamm. Wir folgen dem Fußpfad in südwestliche Richtung und kommen an eine große Kreuzung. Nun lassen wir uns immer von dem gelben Rechteck und der Wegweisung *Refuge du Staufen, Staufen* leiten und erreichen alsbald das Nahziel ❷ **Refuge du Staufen,** eine gemauerte Hütte mit Herd und Tischen.

Zur ❸ **Tête du Staufen** ist der Aufstieg über einen Serpentinenpfad in einer halben Stunde mühelos zu bewältigen. Vom Gipfel bietet sich »eine der schönsten Bergaussichten in den Vogesen« (Mündel, 1896), allerdings nur nach Süden und Westen.

Zurück kann man vom Staufenkopf über die Drei Egsen nach Eguisheim gelangen. Wir wählen einen anderen Weg und steigen vom Gipfel über einen reizvollen, mit alten Eichen bestandenen Berghang zum 4 **Col de Marbach** (dem gelben Viereck folgend) ab. Dort treffen mehrere Wege zusammen. Wir folgen nun dem Wegweiser *Bumatt, Marbach* (gelbes Dreieck), der über einen leicht abfallenden Weg immer geradeaus an das ehemalige 5 **Preventorium St. Marc** (auch St. Markus oder Marbach) des Augustiner-Chorherrenstifts (1094) führt. Außer einer zerfallenen Mauer ist nichts mehr von den alten Gebäuden zu sehen.

Wir halten uns auf der Fahrstraße links und gehen am Waldrand oberhalb der Reben nach 6 **Husseren,** einem Winzerdörfchen mit einer einzigartigen Sicht auf das Schwarzwald-Panorama, das vom Kandel bis zum Blauen reicht. Vor der Kirche führt ein Straßenverkehrsschild (*Colmar, Eguisheim D 14*) nach rechts. 30 m vor dem Ortsende geht ein Weg durch die Reben nach links *(Rue du Rebgarten)*. Vor dem gelben Gebäude eines Winzerhofs biegen wir rechts ab und steigen durch die Reben hinab nach Eguisheim.

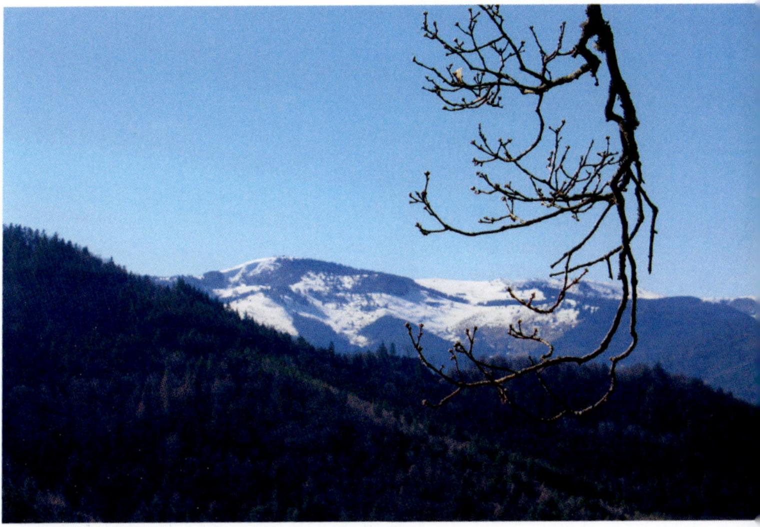

Über der Marbacher Höhe – Blick auf den Hohneck

Sentier des Roches und Hohneck

Col de la Schlucht (Schluchtpass) – Sentier des Roches (Felsenpfad) – Frankenthal – Col du Schaeferthal (Schäfertalsattel) – Hohneck – Col de la Schlucht

Die Wanderung vom Col de la Schlucht (Schluchtpass) zum Hohneck gehört zu den klassischen Touren in den Vogesen. Ihr besonderer Reiz liegt in der Begehung des berühmten Sentier des Roches (Felsenpfad), der als schönster alpiner Pfad in den Vogesen gilt. Er führt uns an den Felshängen des mächtigen Bergmassivs Falimont-Hohneck entlang und bietet spektakuläre Ausblicke in das Münstertal. Er ist in den Fels hineingehauen und -gesprengt, gesichert mit Drahtseilen und Eisengeländern. Gutes Schuhwerk, Schwindelfreiheit und vor allem Achtsamkeit sind Voraussetzungen, um ihn zu begehen; denn tödliche Abstürze sind immer wieder zu beklagen. Die Wanderung endet mit der Besteigung des Hohneck, der einen wundervollen Ausblick bietet.

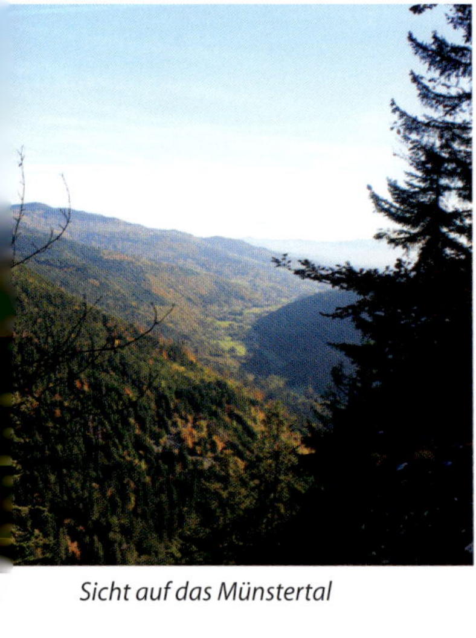

Sicht auf das Münstertal

- **Ausgangspunkt** *Col de la Schlucht (Schluchtpass)*
- **Aufstieg** *3 Std.*
- **Abstieg** *1 Std.*
- **Gesamtzeit** *4 Std.*
- **Höhenunterschied** *ca. 400 m*
- **Länge** *11 km*
- **Karte des Vogesenclubs** *Le Hohneck, Géradmer, La Bresse 3618 OT*

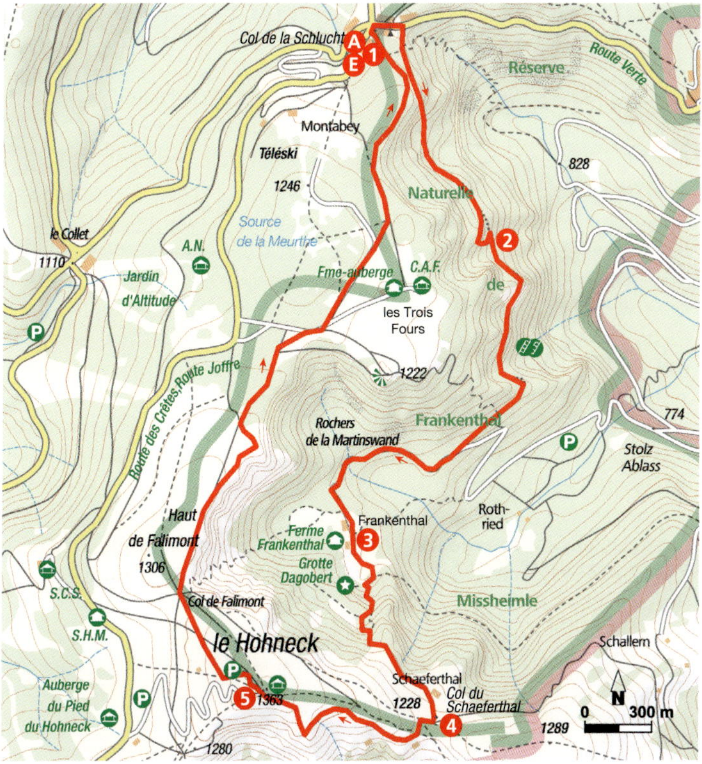

Die Wanderung startet am ❶ **Col de la Schlucht** (Schluchtpass). Man kann gleich hinter dem Hotel »Relais des Roches« parken. Gegenüber ist der Wegweiser *Frankenthal, Hohneck* (blaues Rechteck). Der ❷ **Sentier des Roches** (Felsenpfad) bietet unter den hohen Felshängen hindurch großartige Ausblicke hinauf zur Bergkante und hinunter in den ostwärts laufenden tiefen Graben der Schlucht. Dieser schlängelt sich leicht abwärts, steigt mal wieder hoch auf einen schroffen Felsgrat zu und durchquert ihn in einer schmalen Felsspalte. Er senkt sich dann in den Frankentalkessel, eine riesige arenaartige Mulde in den östlichen, steil abfallenden Felshängen des Bergmassivs. Der »Hundsfelsen« wie er früher hieß, heute Martinswand, bietet das bizarrste Bild. Beim Krappenfelsen – diese Bezeichnung gibt es häufig in den

Col de la Schlucht (Schluchtpass)

Der Gebirgskamm oberhalb der Schlucht, die dem Pass den Namen gab, war eher eine Trennlinie als eine Verbindung zwischen Ost und West. Er bildete die alte Landesgrenze zwischen dem Herzogtum Lothringen und der Landgrafschaft Elsass. Von 1871 bis 1919 war der Pass die Reichsgrenze, wie man an Tausenden Grenzsteinen erkennen kann, die mit einem D und einem F markiert sind. Bis vor Kurzem war er auch die Grenze zwischen den Regionen Lorraine (Lothringen) und Alsace (Elsass), die heute zusammengefügt sind. Zugleich war er die Sprachgrenze zwischen dem Alemannischen und Romanischen.

Der Zugang zum Pass war bis zur Mitte des 19. Jh. eine enge Schlucht, abseits aller Verkehrs- und Handelsstraßen. Ein schmaler Weg wurde von Schmugglern und Bauern zum Abtransport von Holz auf Hornschlitten (benannt nach den vorn nach oben gebogenen Kufen) benutzt. Er führte vom Münstertal in die Täler der Meurthe und Vologne.

Das änderte sich mit der Industrialisierung des Münstertals. Die elsässische Unternehmerfamilie Hartmann betrieb mit großem Einsatz den Bau einer Straße von Münster zum Kamm und nach Géradmer. Die Präfekten der Départements Vosges und Haut-Rhin sowie Napoleon III., der die Schlucht von Plombières aus dreimal besuchte, unterstützten dies. Auch eine Zahnradbahn wurde gebaut. Im Münstertal blühten die Textilindustrie sowie die Holzverarbeitung auf. Der Schluchtpass wurde aber vor allem für Touristen zu einem beliebten Ziel.

In dem Zeitraum zwischen 1840 und 1860 wurde von beiden Seiten, also von Westen und von Osten, die Straße gebaut. Ab 1903 (bis 1939) führte eine elektrische Eisenbahn von Géradmer zum Hohneck. Man nannte sie »Tramway«. Eine Haltestelle war am Schluchtpass eingerichtet. Laut Curt Mündel dauerte die Fahrt zum Hohneck 17 Minuten und kostete 1,20 Francs. Sie wurde auf deutscher Seite weitergeführt bis nach Münster, allerdings nur bis zum Jahr 1914.

Mit dem Tourismus kam auch der Bau von Hotels. Der Fabrikant Alfred Hartmann erbaute 2 km östlich des Passes das renommierte Hotel »Altenberg«. Berühmte Gäste waren dort Wilhelm II., Robert Cecil und Henri Poincaré. Auf französischem Boden wurde das »Hôtel de la Schlucht« errichtet. Mündel weist in seinem Vogesenführer von 1913 darauf hin, dass das Hotel oft, namentlich an Pfingsten, überfüllt sei. Weitere kleine Hotels eröffneten auf der Passhöhe. Von dieser Glanzzeit blieb nicht viel übrig. Das Hotel »Altenberg« wurde 2011 als verkommenes Centre médico-social geschlossen. Heute verunstalten leider Hotelruinen den Col de la Schlucht.

Vogesen – senkt sich der Steinpfad langsam ins Tal und mündet auf einen Forstweg.

Er bringt uns in Kürze zur einstigen Ferme **3 Frankenthal** (dt. Frankental). Das frühere Ferme-Gebäude wurde 1910 durch eine Lawine zerstört und später wieder aufgebaut. Es dient heute einem Verein als Wanderheim. Am südlichen Ende des Kessels steht der Wegweiser *Col du Schaeferthal* (blaues Rechteck). Ein Serpentinenpfad, dessen Begehung bei Schnee untersagt ist, führt steil hoch, an der ehemaligen Ferme Frankenthal vorbei, und endet am **4 Col du Schaeferthal.** Wir befinden uns nun auf baumlosem Wiesengelände. Linker Hand sehen wir den Kleinen Hohneck mit seinen mächtigen Felspartien und südlich unter uns den Schiessrothriedsee. Gegenüber liegen die Spitzköpfe, die den früheren Gletschergraben Wormspel zum Hohneckgipfel auf der Westseite einzäunen. Das ist ein

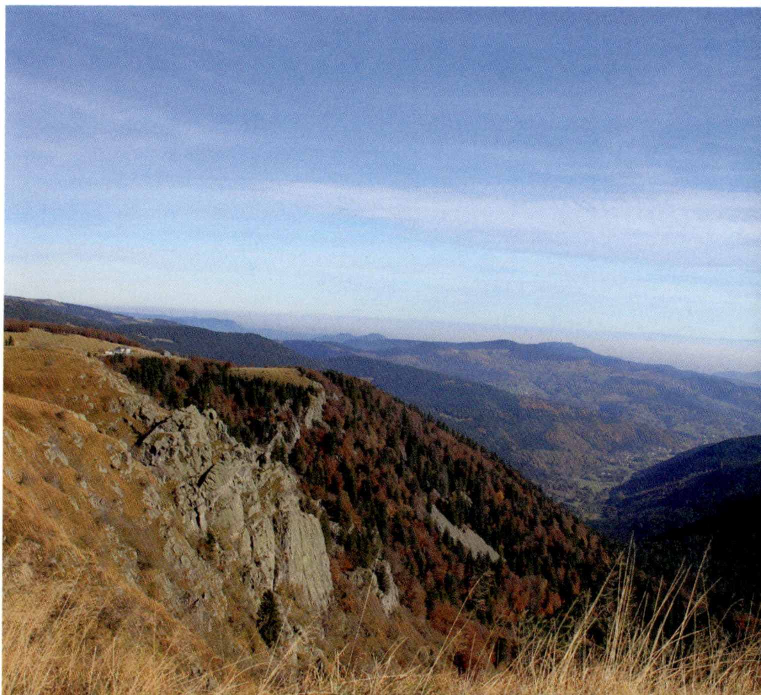

Steilhang an der Crête

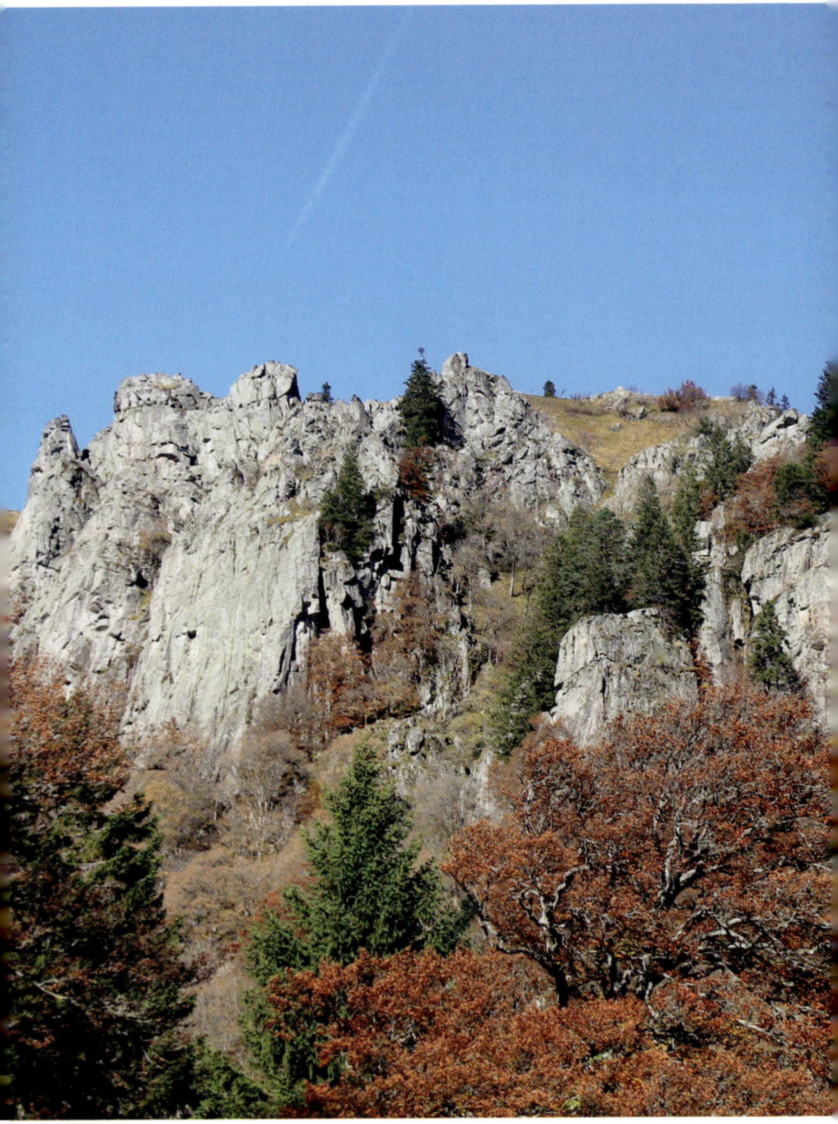

Felspartie bei Frankenthal

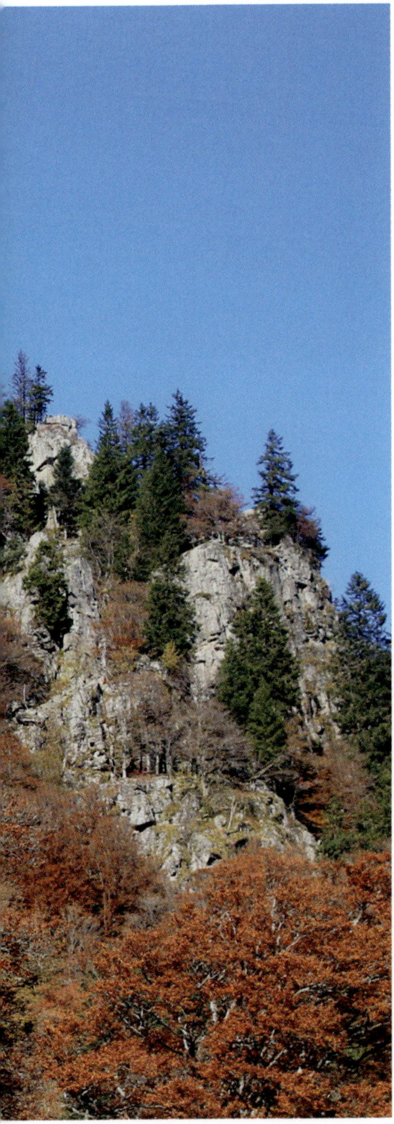

Felsenpfad

Unter Leitung des Försters und Vorsitzenden des Vogesenclubs Heinrich Strohmeyer aus Münster wurde der Pfad 1910 angelegt. Er ist 3 km lang. An seinem nördlichen Eingang (Col de la Schlucht) beginnt er auf einer Höhe von 1139 m. Am südlichen Ende, am Krappenfelsen, beträgt die Höhe 967 m. Der Weg passiert steile Felspassagen und ist mit vielen Sicherungen versehen. Sie werden vom Vogesenclub gut unterhalten.

beliebtes Kletterziel; es ist jedoch gefährlich und hat schon einige Todesopfer gefordert. Vom Schäfertalsattel erreichen wir in 20 Minuten den Gipfel des 5 **Hohneck.**

Eine Orientierungstafel hilft, die Aussichtsziele auszumachen. Vom Donon im Norden bis zum Grand Ballon im Süden ist alles in der Nähe und Ferne zu erkennen, auch der Schwarzwald und die Alpen. Da der Hohneck leicht von der Route des Crêtes aus zu erreichen ist, sollte man ihn an einem Sonntag möglichst meiden. Der Weg zum Schluchtpass führt vom Hotel Hohneck nach Norden über das Höhengelände des Vogesenkamms eben hinweg. Er ist gut markiert mit rotem Rechteck; einmal kommt er an die östliche Felskante heran. Wir sehen unter uns im tiefen, weiten Kessel die Ferme Frankenthal liegen. In einer Stunde hat man den Col de la Schlucht wieder erreicht.

Fünf-Burgen-Wanderung

Eguisheim – Hagueneck – Repos des Chasseurs (Jägersruh) – Hohlandsburg – Repos des Chasseurs – Rocher Turenne (Turennefelsen) – Drei Egsen – Eguisheim

Mit »Drei Schlösser auf einem Berg« beginnt ein bekannter elsässischer Spruch. Das sind die drei Burgruinen über Husseren-les-Châteaux (Häusern), die vom Berg herab wie drei treue Wächter auf das Rebland schauen. Im Volksmund werden sie die »Drei Egsen / Exen«, nach dem nahen Eguisheim, genannt. Ganz in ihrer Nähe liegen die Ruinen der Burgen Hageneck und Hohlandsburg. Auf der Wanderung besuchen wir zuerst diese beiden Burgruinen und steigen über die Drei Egsen wieder hinab in die Ebene. Wir begegnen drei eindrucksvollen Beispielen mittelalterlicher Burgen-Baukunst, die zugleich großartige Aussichten in die Rheinebene und auf den Schwarzwald bieten.

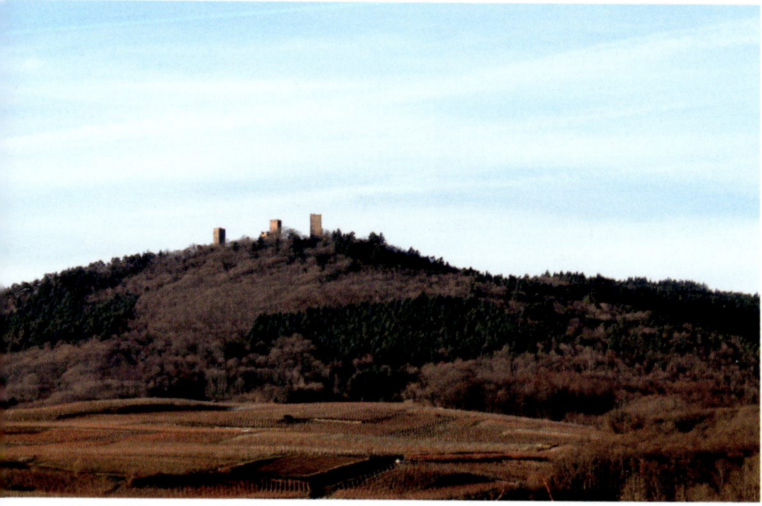

Die Drei Egsen – »Wächter« in der Reblandschaft

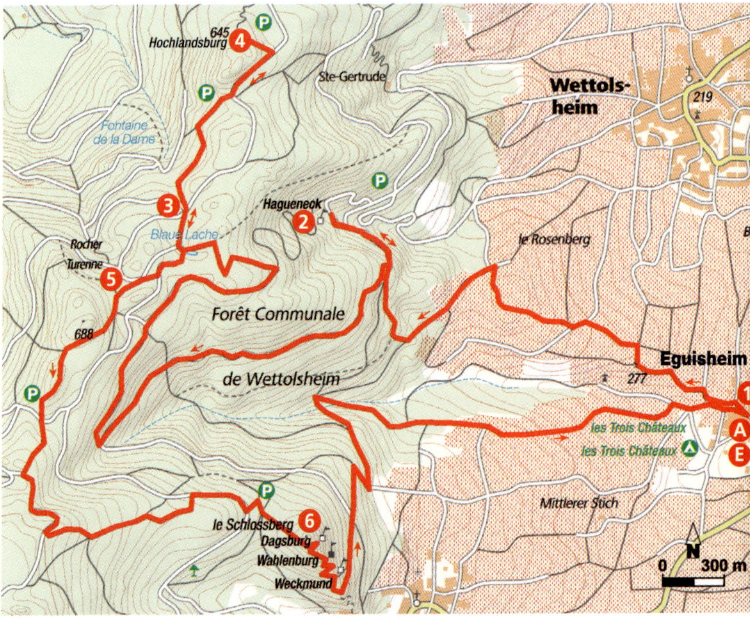

- **Ausgangspunkt** *Eguisheim*
- **Aufstieg** *2,5 Std.*
- **Abstieg** *2,5 Std.*
- **Gesamtzeit** *5 Std. (ohne den Besuch der Burgen)*
- **Höhenunterschied** *200–650 m*
- **Länge** *18 km*
- **Karten des Vogesenclubs** *Colmar, Kaysersberg 3718 OT und Grand Ballon 3719 OT*

Ausgangspunkt ist ❶ **Eguisheim** (Egisheim). Man parkt am besten an der Place de l'école (Schulplatz); an der Westseite steht ein großer Marienbrunnen mit rundem Trog. 30 m westlich des Brunnens ist links an einem Zaun ein Schild angebracht: *Hagueneck* (blaues Kreuz). Wir folgen dieser Wegweisung und gehen etwa 150 m auf der geteerten Fahrstraße bis zum zweiten rechts abbiegenden Feldweg (blaues Kreuz), der in die Rebberge hineinführt. Der gut markierte Weg bringt uns in Kürze auf die Höhe des nach Eguisheim abfallenden Rebhügels, senkt sich rechts nach Norden ab und führt zum Waldrand (Wegweiser *Hagueneck*). Wir gehen links und kommen an einem Kahlhang vorbei, um den der Weg (blaues Kreuz) links herum aufwärtsführt.

Nach 400 m (vor einem Sperrschild für Kfz) steht erneut der Wegweiser *Hagueneck* (blaues Kreuz). Wir folgen diesem Pfad, der durch den Wald rechts hinauf in die Höhe führt, und stoßen nach etwa 1 km auf eine Waldfahrstraße. Nach rechts weist der Wegweiser *Hagueneck* (rote Raute). Nach etwa 30 m geht ein Pfad links ab zur Ruine ❷ **Hagueneck,** die man in etwa 5 Minuten erreicht. Sie liegt versteckt am Ende eines steil abfallenden stillen Tälchens.

Die Drei Egsen

Die drei Burgen, die im Abstand von nur 60 m – ein Kuriosum – von Norden nach Süden nebeneinander stehen, heißen Dagsburg, Wahlenburg und Burg Weckmund. Herren der Wahlenburg waren die Grafen von Eguisheim. In Erbfolge bauten die Grafen von Dagsburg und Pfirt die nördliche und südliche Burg im 12. Jh. Peter von Regisheim, schon ein Raubritter (1466), forderte von Mühlhausen eine Summe von sechs »deniers« (Plappert = 36 Pfennig) und legte sich im sogenannten »Sechs-Plappert-Krieg« mit der Stadt an. Sie ließ durch Schweizer Söldner die Burg zerstören, und eine Zahlung von 825 Goldgulden wurde fällig.

Auf einer Stahltreppe kann man den Bergfried besteigen. Er bietet eine schöne Aussicht in die Ebene. Wir gehen den Pfad wieder zurück bis zur Waldfahrstraße, halten uns rechts (keine Markierung) und wandern den bequem ansteigenden Weg hinauf. Dann stoßen wir auf eine von links kommende weitere Waldfahrstraße (Waldlehrpfad), halten uns in der Kurve scharf rechts und steigen (dem gelben Punkt folgend) hinauf. In Kürze erreichen wir eine Kreuzung.

Rechts weist ein Wegweiser mit der Beschriftung *Repos des Chasseurs, Hohlandsbourg* zum nächsten Ziel (blaues Kreuz). ❸ **Repos des Chasseurs** (Jägersruh) ist eine Anlage mit grünem Tisch und Bänken an einem ausgetrockneten Tümpel. Sie liegt nahe einer geteerten Fahrstraße, der Route des Châteaux (Burgenstraße), die von Husseren-les-Châteaux über den Eguisheimer Schlossberg an der Hohlandsburg und der tiefer liegenden Plixburg vorbei ins vordere Münstertal führt.

Man überquert die Fahrstraße und sieht den Wegweiser *Hohlandsbourg* mit gelbem Rechteck, der nach rechts in nördliche Richtung weist. Der Pfad führt westlich unterhalb der Fahrstraße zur Burgruine, oberhalb des »Fräuleinsbrunnens« vorbei (benannt nach dem »wyß Fräule«, das der Sage nach auf der nahen Plixburg hauste). Wir erreichen in Kürze die ❹ **Hohlandsburg.**

Von der höchsten Spitze, dem Rest eines Rundturms, hat man eine prachtvolle Aussicht, die neben der Geschichtsträchtigkeit der Stätte die Wanderung hierher lohnenswert macht. Auf den Mauern kann man über weite Strecken herumgehen. Im Norden liegen die Hohkönigsburg, der Dambacher Berg, die Rappoltsteiner Schlösser, Ungersberg, Tännchel, Königstuhl und die Drei Ähren. Nach Süden sieht man die Vogesenberge bis zum Großen Belchen, bei guter Sicht den Schwarzwald und die Alpen. Im Osten den Kaiserstuhl sowie das Straßburger Münster. Die Burg ist außer an Feiertagen allerdings von November bis April geschlossen.

Burg Hageneck

Gut erhalten ist noch der Bergfried, um den herum das Wohngebäude gelegt war. Man kann deutlich den mehrfach ineinander verschachtelten quadratischen Grundriss erkennen: äußere Mauer, innere Mauer, Wohngebäude, Bergfried. Aus der Geschichte ist wenig bekannt. Ein Ritter Burkhard von Hageneck verkaufte die Burg an die Johanniter von Colmar. Zerstört wurde die Burg vermutlich im Dreißigjährigen Krieg.

Wir gehen nun etwa 15 Minuten zurück zum Repos des Chasseurs. Am Parkplatz der Hohlandsburg ist der Wegweiser *Staufen, 3 Châteaux*

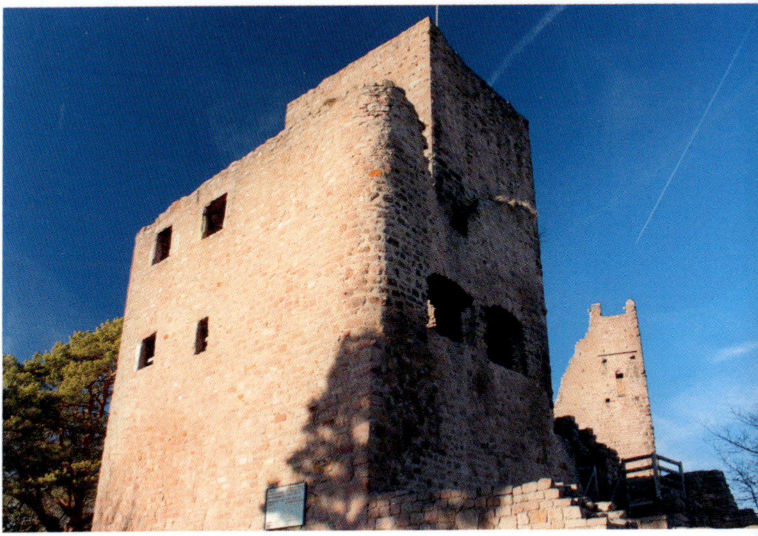

Die Drei Egsen

angebracht (gelbes Rechteck). Wir finden ihn wieder bei dem Repos des Chasseurs und folgen – immer westlich der Fahrstraße – dem mit gelbem Rechteck gezeichneten Pfad. Wir kommen am 5 **Rocher Turenne** vorbei. Turenne hat unter Ludwig XIV. am 5. Januar 1675 bei Türkheim einen wichtigen Sieg errungen. Er soll auf diesem Felsen gestanden haben. Elsässisch heißt die Felsansammlung »Hexefelse«.

An einer Gabelung gibt es eine Süd- sowie Nordumgehung eines Berges. Es empfiehlt sich die Südumgehung. Wir gelangen an eine große Wegkreuzung und orientieren uns am Wegweiser *Source, Refuge du Staufen, Tête du Staufen* (weiter gelbes Rechteck). Trois Châteaux erscheint nicht auf dem Schild, aber der Pfad führt dorthin. An einer weiteren Wegkreuzung halten wir uns links auf einer Waldfahrstraße und stoßen nach etwa 800 m auf den Wegweiser *Trois Châteaux, Husseren, Eguisheim* (gelbes Kreuz). Ein schmaler Pfad führt links steil hinab

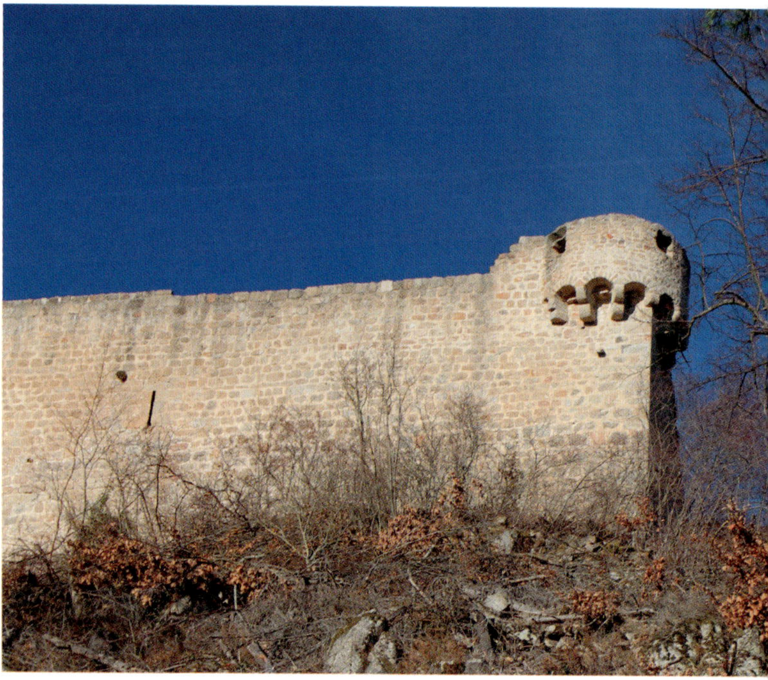

Die Hohlandsburg

zu den Drei Egsen. Wir gelangen an den großen Parkplatz vor dem Kegel, auf dem die Ruinen der 6 **Drei Egsen** stehen.

Beim Aufstieg zur Ruine über den Südweg sieht man nach etwa 150 m den Wegweiser *Husseren* (roter Punkt), der auf einen Pfad rechts den Hang hinabführt. Diesen Serpentinenpfad wählen wir für den Abstieg bis zu einer Felsgruppe, die den Namen »Damensessel« trägt. Dort weist eine rote Raute nach Eguisheim (Abstieg nach links). Der Weg stößt auf einen Bachlauf. Hier befindet sich der Wegweiser *Eguisheim* (blaue Raute). In Kürze gelangen wir in das Rebgelände und sehen den Ort vor uns.

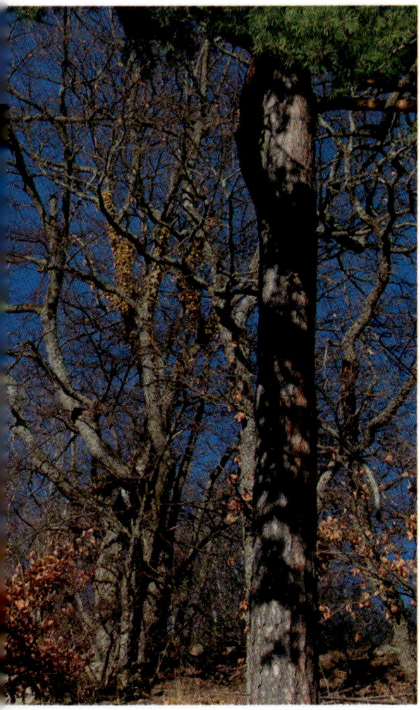

Hohlandsburg

Die Hohlandsburg (1280) krönt das Bergplateau mit erheblichen Ausmaßen. Sie leuchtet mit den weiß gebleichten Mauern weit ins Land hinein. Die Südmauer dient den Baslern als Wettermarke. Ein großes, doppelt ummauertes Rechteck machte die Burg zu einer der stattlichsten mittelalterlichen Festungsanlagen. Sie war alter Besitz der Habsburger im Elsass. Eng verbunden ist die Burg mit dem Namen Lazarus von Schwendi (1522–1583), dem Burgherrn seit 1563. Er war General, Staatsmann und Diplomat, der unter den habsburgischen Kaisern eine zentrale Rolle spielte, als Vermittler, Verhandlungsführer, Reformer sowie Verfasser von Denkschriften zur Umgestaltung des Reiches.

Obgleich Lutheraner, trat Lazarus von Schwendi für Toleranz und Gewissensfreiheit ein und wollte die von ihm vorausgesehenen Glaubenskriege verhindern. Letztlich konnte er sich im Ringen zwischen religiösem Fanatismus, territorialem Egoismus und ohnmächtiger Reichszentrale nicht durchsetzen. Die Hohlandsburg mag an den bedeutenden Staatsmann erinnern.

Petit Ballon

Metzeral (Parkplatz am Rathaus) – Kuhfeil – Rothenbrunnen (Ferme-Auberge) – Col du Petit Ballon (Belchensattel) – Petit Ballon (Kleiner Belchen oder Kahler Wasen) – Col du Hilsenfirst – Lechterwann (Ferme) – Landersen – Soldatenfriedhof Sondernach – Metzeral

Der Petit Ballon (Kleiner Belchen) wird im Elsass auch als »Kahler Wasen« bezeichnet und trägt diesen Namen zu Recht: Er und all seine Nachbarberge sind kahle Höhen. Das macht auch den Reiz dieser Wanderung aus. Man wandert den größten Teil der Wegstrecken auf Höhen mit freier Sicht und wenig Wald. Der Abstieg vom Kleinen Belchen über die Hilsenfirstebene führt durch eine Höhenlandschaft von eigenartiger Prägung.

- **Ausgangspunkt** *Metzeral (Bahnhof)*
- **Aufstieg** *3 Std.*
- **Abstieg** *3 Std.*
- **Gesamtzeit** *6 Std.*
- **Höhenunterschied** *480–1267 m*
- **Länge** *20 km*
- **Karte des Vogesenclubs** *Grand Ballon 3719 OT und 3619 OT (für den Beginn der Wanderung)*

Ausgangspunkt der Wanderung ist ❶ **Metzeral** im Fechttal, das man von Münster aus über die D 10 erreicht. Das Fahrzeug kann man auf der Place de la Mairie (Rathausplatz) rechter Hand der D 10 parken. Von dort geht man zum Bahnhof (50 m die D 10 zurück, dann nach rechts). Gleich rechts auf dem kleinen Platz befindet sich der Wegweiser *Ilienkopf, Petit Ballon* (mit rotem Kreuz). Wir gehen rechts um den Bahnhof herum. Der dort beginnende Pfad mit dem roten Kreuz windet sich in nördlicher Richtung den Berghang hinauf und ist gut markiert. Wir durchwandern das mit Heidekraut übersäte Weidegelände des Engelbergs, das sich zwischen der Talsohle des Fechttals und dem Ilienkopf, der Bergspitze rechts oben, erstreckt. Auf diese Weise gelangen wir zu einem kleinen Rastplatz, der den Namen ❷ **Kuhfeil** (612 m) trägt. Über Wiesen führt der Pfad mit dem roten

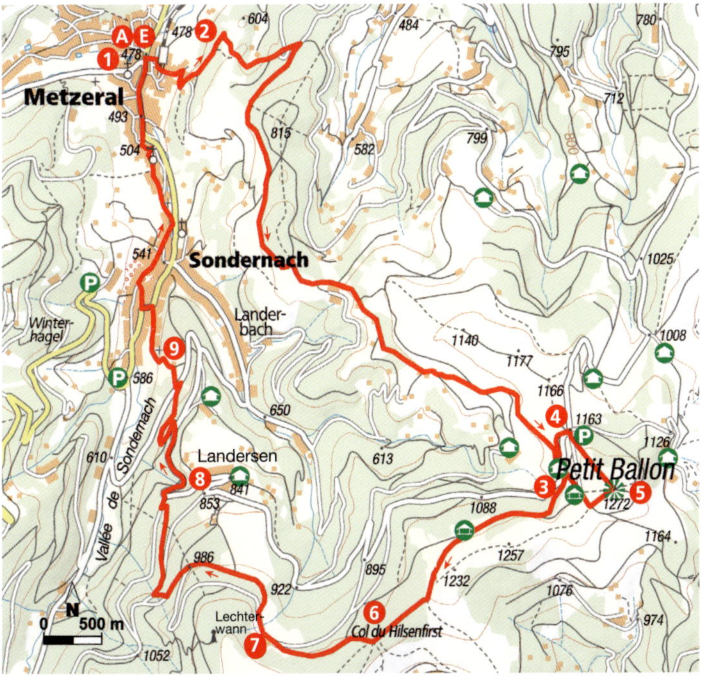

Kreuz in den Wald bis zu einer Gabelung, bei der uns das Schild *Brobachrücken, Rothenbrunnen* den Weg mit einem blauen Kreuz weist.

Nach einem mäßigen Anstieg mit schöner Sicht auf die beiden Hohneck und das Fechttal sowie auf Sondernach mit der auf einem Hügel frei stehenden Kirche Emme, stoßen wir erneut auf einen Wegweiser mit der Aufschrift *Brobachrücken, Petit Ballon* mit blauer Raute, der uns bis zur Ferme-Auberge Rothenbrunnen als Orientierung dient. Beim Verlassen des Waldes, wenn der bequeme Wanderweg fast eben weiterführt, muss man zur Linken den Wegweiser *Rothenbrunnen, Petit Ballon* (weiter mit blauer Raute) beachten. Ein schmaler Pfad geht über die Weidematten hinauf zur Ferme-Auberge **3 Rothenbrunnen.** Sie liegt unmittelbar am Fuße des Kleinen Belchen. Wir gehen den freien, weithin unbewaldeten Hang, dabei den Brobachrücken stetig ansteigend, entlang. Bald bietet sich der erste Blick auf den Petit Ballon, und wir stehen kurz darauf vor der Ferme-Auberge Rothenbrunnen.

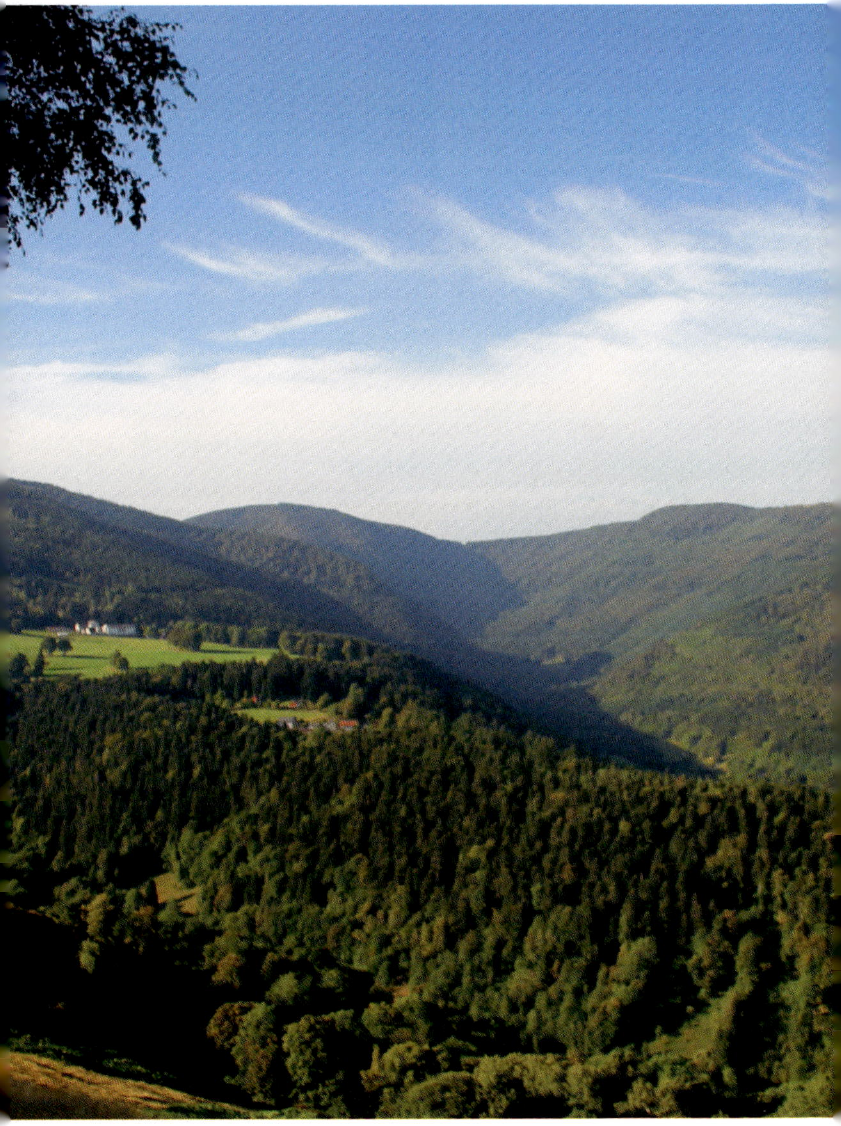

Sicht auf das Tal von Oberbreitenbach

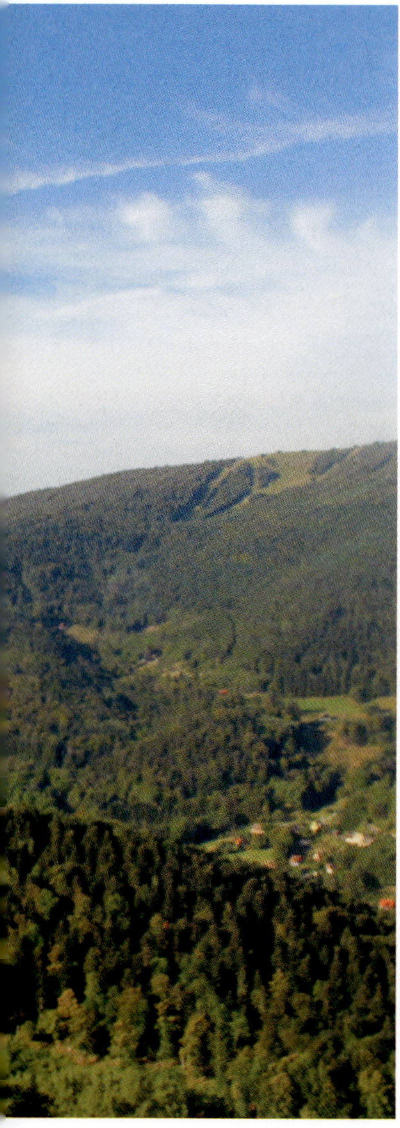

Den Weg zum Gipfel des Kleinen Belchen wählen wir über den Sattel und finden unmittelbar vor der Ferme eine Wegweiserstange mit dem Schild *Col du Petit Ballon* (mit rotem Kreuz). Vom 4 **Col du Petit Ballon** führt ein Wegzeichen mit rotem Dreieck hinauf zum Gipfel des 5 **Petit Ballon,** den wir in etwa 20 Minuten erreichen. Er ist mit einer Marienstatue gekrönt. Von dort hat man eine eindrucksvolle Rundsicht bis zum Schwarzwald, in die Südvogesen, wo der Grand Ballon (Großer Belchen) herausragt, ins Fechttal sowie auf den Kleinen (und Großen) Hohneck. Am Ostrand der Kuppe sieht man hinab ins tief eingeschnittene Lintal, welches in das Tal der Lauch und von dort nach Gebweiler führt. Am Osthang sind noch Unterstände der deutschen Truppen aus dem Ersten Weltkrieg zu sehen. Von dort zog sich die Front über die Hilsenfirstebene zum Hilsenfirstkopf. Für den Aufstieg werden wir reichlich belohnt durch diesen weiten wundervollen Blick in die Vogesenlandschaft.

Als Rückweg vom Belchengipfel nach Sondernach wählen wir den Pfad über die Hilsenfirstebene, einem weiten, von Felsbrocken übersäten und von Wacholder bewachsenen Plateau von landschaftlicher Schönheit. Man könnte direkt vom Gipfel die sogenannte Steinmauer entlanggehen, wohl ein Viehweidegraben aus älterer Zeit, ein sehr ursprünglicher Weg, der aber nicht markiert ist. Bei Regen oder Nebel besteht die Gefahr, sich zu verirren. Wir wählen den Abstieg über den mit blauer Raute gezeichneten Pfad und gelangen an ein graues Naturfreundehaus mit roten Läden. Dort stoßen wir auf den Weg, der nach links mit dem gelben Rechteck zur ehemaligen Sennerei Bockswasen führt, die im Ersten Weltkrieg zerstört wurde und heute ein Wanderheim ist. Wir folgen nun immer dem gelben Rechteck (GR 532) bis zum 6 **Col du Hilsenfirst** (Hilsenfirstsattel). Dort weist ein Wegweiser an einer Stange den weiteren Abstieg nach Sondernach über die ehemalige Sennerei Lechterwann und die Auberge Landersen (mit gelbem Dreieck). Etwa 250 m nach der Ferme 7 **Lechterwann** zweigt ein Pfad rechts vom breiten Weg ab. Man kann diese Abkürzung wählen oder auf dem breiten Waldfahrweg bleiben, den wir vorziehen (mit gelbem Punkt). Wir stoßen auf die nach 8 **Landersen** führende

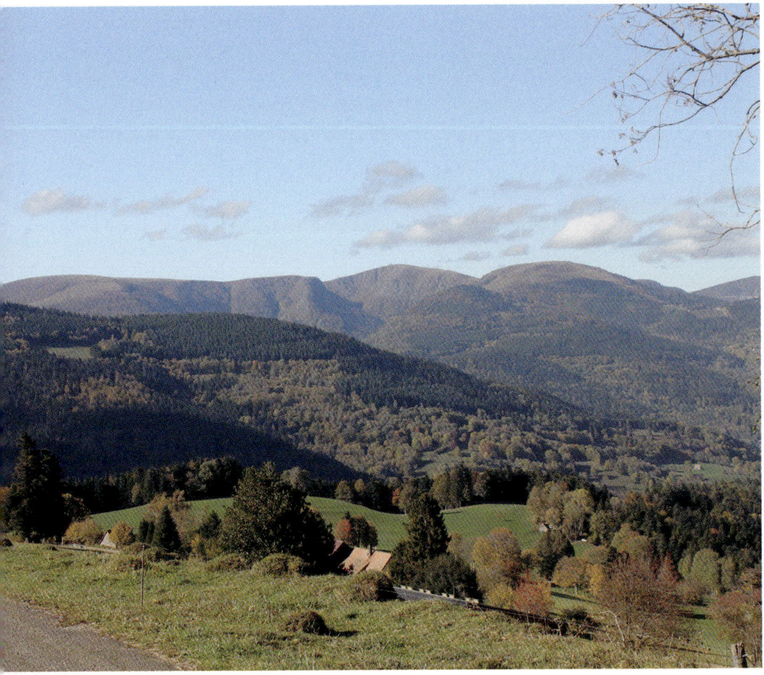

Sicht auf die Crête

Siedlung in den Vogesen

Einzelsiedlungen und Dörfer mit Ortskern reichen in den Vogesen auf weit geringere Höhen im Vergleich zum Schwarzwald. Dementsprechend groß sind die Höhenunterschiede von den Siedlungen bis zum Kamm. Beim Aufstieg von Metzeral auf den Petit Ballon fallen dem Wanderer ab einer Höhe von etwa 700 m die zahlreichen Bergscheuern auf, besonders am Hilsenfirstkamm. Ab April werden sie als Standquartier für das Vieh genutzt, bevor es auf die höher gelegenen Weiden zieht. Während des Sommers wird Heu gemacht und in den Scheuern verwahrt, im Herbst oder kommenden Frühjahr wird es dann verfüttert. Man nennt diese Siedlungsstaffel auch Wintermelkereien. Infolge des allgemeinen Rückgangs der Landwirtschaft sind sie heute oft ungenutzt.

Als nächste Zone folgen die Sommermelkereien (Kleinmelkereien oder Petites Fermes). Diese sind nur für eine geringe Viehzahl ausreichend. Sie wurden ab dem 18. Jh. im eigenen engeren Talraum errichtet, als die Weiden auf der Vogesenwestseite nicht mehr zugänglich waren. In der Höhe über 1000 m stehen die Grandes Fermes oder »Großen Melkerberge«. Sie nahmen im Sommer bis zu 100 Stück Vieh auf. Als Unternehmer tätige Melker (und oft auch Gastwirte) bewirtschafteten sie als Pächter. Sie begegnen uns heute meist als Ferme-Auberge.

In den Vogesen hat der Verfall des Bauerntums vor allem den Hochweidebetrieb getroffen. Schuld daran tragen die Unterbrechungen und Störungen in den beiden Kriegen, aber auch der gesamtwirtschaftliche Wandel. Der Gesamtrinderbestand ging in manchen Gegenden um 30 bis 50 % zurück. In den Hochvogesen begegnen wir nur noch selten den für die Gegend charakteristischen schwarz-weißen Gebirgsrindern.

(asphaltierte) Straße, von der bald nach links, den steilen Waldhang hinunter, ein Serpentinenpfad mit dem Wegweiser *Sondernach* (gelber Punkt) abgeht. Wir überqueren noch einmal die Fahrstraße, wandern auf ihr etwa 200 m bergab, bis rechts ein Waldweg abzweigt, der mit einem Einbahnschild versehen ist. Diesem Weg folgen wir zum **9 Soldatenfriedhof Sondernach.**

Wir gehen von dort die Straße ins Dorf hinunter, überqueren über die erste Brücke die Fecht sowie die D 10 und nutzen nun die immer links von der Fecht verlaufende kleine Straße durch Sondernach bis zu der auf einem Hügel liegenden Kirche Emme. Nun sind wir wieder an unserem Ausgangspunkt Metzeral angelangt und gehen noch etwa 10 Minuten bis zum Parkplatz am Rathaus.

Lac des Corbeaux

Les Planches – Col de Bramont – Col de Pourri Faing – Pourri Faing – Col de la Vierge – Collet Mansuy – Lac des Corbeaux (Rabensee) – Les Planches

Das Tal der Moselotte ist der Ausgangspunkt, um zum Lac des Corbeaux (Rabensee) zu gelangen. Früher hieß sie »Schlüchtlibach«, da sie von der Schlucht herabfließt. Sie entspringt auf dem Vogesenkamm zwischen Hohneck und Kastelberg. Die doppelte Namensgebung zeigt, dass wir uns im französischsprachigen Raum der Vogesen befinden, der allerdings bis ins 18. Jh. stark durch die alemannisch sprechenden Elsässer geprägt wurde. Die Wanderung geht nach dem Besteigen des Col de Bramont immer oben auf dem Kamm zwischen 1000 und 1100 m auf teilweise alpinen Pfaden entlang und bietet prachtvolle Aussichten auf die hohen Berge des östlich liegenden Vogesenkamms. Sie führt an einem Moorgebiet mit seltener Flora und Fauna vorbei, dem Pourri Faing, und erreicht ihren Höhepunkt bei einem der schönsten Vogesenseen, dem Rabensee.

- **Ausgangspunkt** *Les Planches*
- **Aufstieg** *3 Std.*
- **Abstieg** *2 Std.*
- **Gesamtzeit** *5 Std.*
- **Höhenunterschied** *450–969 m*
- **Länge** *14 km*
- **Karte des Vogesenclubs** *Bussang, La Bresse 3619 OT*

Wir beginnen die Wanderung in ❶ **Les Planches,** einem Ortsteil von La Bresse. Dorthin gelangt man über die D 34, vom Col de la Schlucht aus immer dem Wegweiser La Bresse folgend. Etwa 3 km vor La Bresse führt eine Brücke mit blauem Geländer (Pont de Bramont) nach links über die Moselotte. Unmittelbar nach der Brücke biegt eine Straße nach rechts ab. Nach 150 m kommt man an eine Gabelung, dort kann man den Wagen parken. Der leicht nach links hochführenden Straße mit dem roten Straßenschild *Chemin de Bramont* folgen wir zum ersten Ziel, dem ❷ **Col de Bramont.** Die Straße zieht sich in östliche Richtung in die Höhe; nach 10 Minuten endet die Asphaltstraße und geht in einen Waldweg über. Bisher gab es keinen

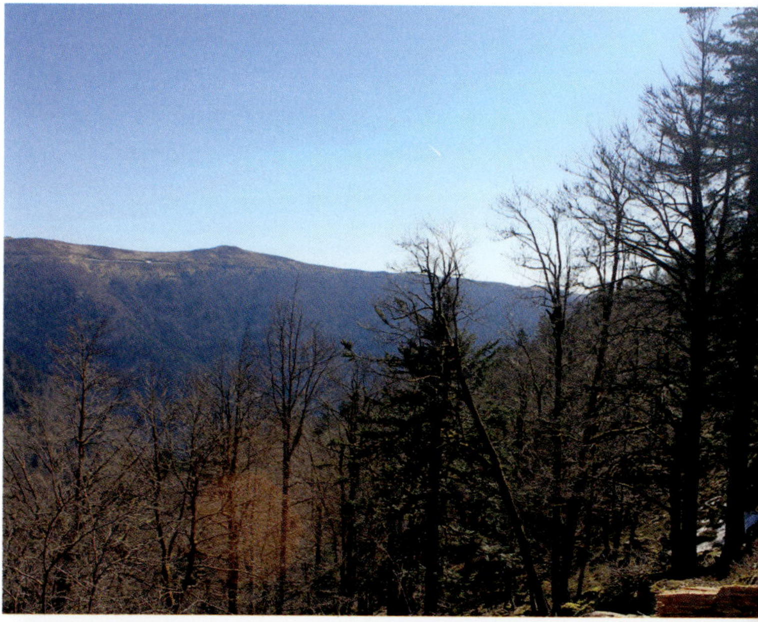

Die Crête von Westen

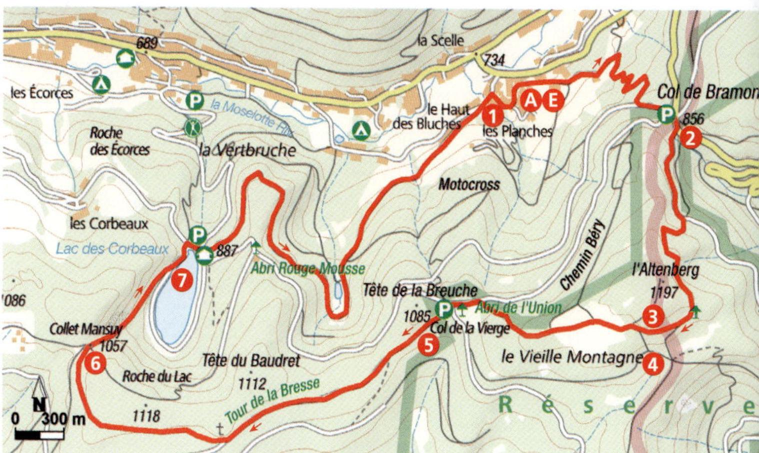

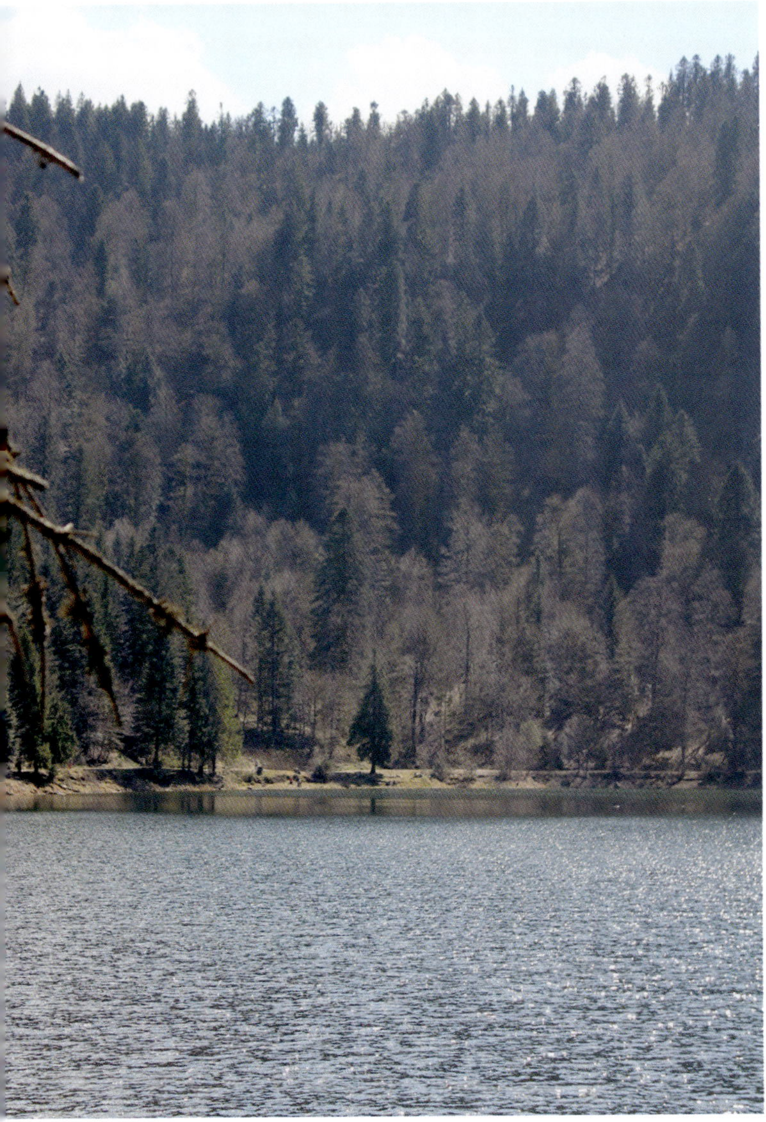

Der Rabensee

Wegweiser des Vogesenclubs; aber man kann den Weg nicht verfehlen. Dann taucht auch ein Wegzeichen auf: ein grün-weiß-grüner Pfeil. Dieses Zeichen ist bis zum Pass unser sicherer Begleiter.

Auf der rechten Seite der Passstraße geht eine geteerte Waldfahrstraße mit einem blauen Punkt ab, die wir nicht beachten. Denn etwa 30 m weiter führt ebenfalls rechts ein Waldweg zum nächsten Ziel,

Alemannisch-romanische Verbindungen

Das Tal der Moselotte mit La Bresse ist heute Teil des Département Vosges und der Region Lorraine (Lothringen). Dieses Gebiet westlich des Vogesenkamms gehörte der Reichsabtei Remiremont an, deren Äbtissin Reichsfürstin war, und war romanischer Sprachraum (Patois). Zwischen der Reichsabtei Münster und der Abtei Remiremont bestand seit dem 13. Jh. ein Staatsvertrag; es gab also enge Beziehungen. Hinzu kam eine Besonderheit: Aus der am Ostfuß des Vogesenkamms gelegenen Abtei Münster ging ein merkwürdiges staatsrechtliches Gebilde hervor, genannt »Stadt und Tal Münster im Gregoriental«, zu dem noch neun Gemeinden gehörten. Es handelte sich um einen autonomen Freistaat unter kaiserlichem Schutz, ähnlich einem Kanton in der Schweiz.

Während sich die Reichsabtei Remiremont wenig um das Gebiet westlich des Vogesenkamms kümmerte, haben die Münstertäler wesentlich zur Entwicklung des Moselottetals beigetragen. Es entstanden enge wirtschaftliche Beziehungen. Weil es einfacher war, das Weidevieh vom Kamm der Vogesen zur Überwinterung nach dem sanft abfallenden Westen statt nach Osten zu treiben, sicherten sich die Elsässer im Gebiet von Remiremont Winterställe. Sie gründeten weitere Weiden und Sennereien, aus denen von Elsässern besiedelte Dörfer wurden. Eines der ältesten ist Woll (heute La Bresse), das sich ähnlich wie Münster befestigte und zu einer Miniaturrepublik wurde. Aber auch enge verwandtschaftliche Beziehungen entwickelten sich; denn die jungen Männer aus dem Münstertal hatten eine Vorliebe für die Mädchen aus Woll. 1790 endet die Geschichte der Reichsabtei. Sie wurde während der Revolution geplündert und zerstört.

Der romanische (heute französische) Sprachraum wurde also stark durch das Alemannische geprägt. Daher erklärt sich auch, dass zahlreiche Ortsbezeichnungen ursprünglich deutsch waren, so z.B. Winterung (heute Ventron), Hornenberg (heute Cornimont) und Gerdsee (heute Gérardmer).

dem Pourri Faing. Auf dem Schild steht *Pourri Faing, Col du Bockloch, Grand Ventron* (mit blauem Rechteck und GR531). Nach 10 Minuten darf man den Wegweiser nicht übersehen, der nach rechts auf einen schmalen Bergpfad führt. Eine Tafel warnt den Wanderer, diesen Weg im Winter zu begehen. Bei Trockenheit ist er nicht gefährlich, verlangt jedoch Trittsicherheit und Vorsicht. Dieser Pfad mit fast alpinem Charakter steigt nun steil an und bietet herrliche Aussicht auf das östlich liegende Vogesengebirge mit all seinen markanten Gipfeln wie dem Hohneck und dem Kastelberg. Auf 1070 m Höhe haben wir den **3 Col du Pourri Faing** erreicht. Ein Schild weist zum Moor **4 Pourri Faing** (300 m), zu dem wir über einen Holzsteg gelangen. Eine große Tafel erklärt die Entstehung, die besondere Tier- und Pflanzenwelt dieses Moorgebiets, das sich weit nach Südwesten hin ausdehnt. Der Wanderer sollte sich den eigenartigen, fast unheimlichen Eindruck dieser Moorlandschaft nicht entgehen lassen.

Nach der Rückkehr zum Wanderweg oberhalb des Pourri Faing zeigt ein Wegweiser *Col de Bramont, Col de la Vierge, la Vieille Montagne* (mit blauem Punkt) an. Wir wollen natürlich nicht zum Col de Bramont zurückwandern, das nächste Ziel ist der **5 Col de la Vierge.** Eine wundervolle Weidelandschaft mit dem Namen La Vieille Montagne zeichnet diesen Weg aus. Auf dem Col de la Vierge, der auch mit dem Auto befahrbar ist, steht ein Chalet als Schutzhütte für Wanderer. Links davon führt in westliche Richtung ein Waldweg, der mit einer Schranke versehen ist. Dort ist der Wegweiser *Collet Mansuy, Lac des Corbeaux* (mit rotem Punkt und rotem Kreuz). Auf der breiten Waldfahrstraße gehen

Lac des Corbeaux (Rabensee)
Tief eingebettet in einen von Tannen bewachsenen Kessel ist der Rabensee ein besonderes Juwel unter den Vogesenseen. Er ist 600 m lang, 200 m breit, etwa 25 m tief und enthält 420 000 m^3 Wasser, seine Fläche umfasst 9 ha. Aus dem Gletschersee fließt die Goutte du Lac des Corbeaux in die Moselotte. Die Bezeichnung Rabensee hat nichts mit der Präsenz von Raben zu tun. Das Dunkel der Tannen erinnert angeblich an das Schwarz von Raben. Eine andere Erklärung des Namens ist eine Abwandlung des Begriffs »courbées«, womit die Rundungen des umgebenden Bergreliefs beschrieben werden. Aus courbées wurde dann corbeaux. Der See mit seiner Gaststätte ist (leider) auch mit dem Auto erreichbar und daher an Wochenenden ein sehr beliebtes Ausflugsziel. Angeln ist dort erlaubt, nicht aber das Baden. Man kann den Rabensee auf einem Fußweg in etwa 20 Minuten umrunden.

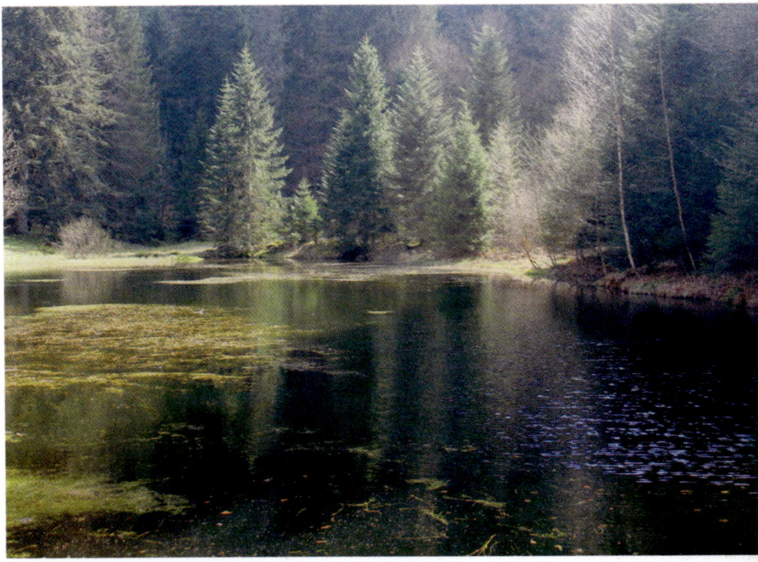

Biotop des Sèchemer

wir – immer dem roten Kreuz folgend (der rote Punkt bleibt unbeachtet) – zum nächsten Ziel, dem 6 **Collet Mansuy.** Von diesem Punkt aus hat man zwei Möglichkeiten, um zum See hinabzusteigen: Es gibt nach rechts einen steil abfallenden Serpentinenpfad mit dem Wegweiser *Lac des Corbeaux* (mit gelbem Kreis) oder einen nach rechts oben führenden Weg – ebenfalls zum Lac des Corbeaux mit gelbem Kreis gewiesen –, der an der Roche du Lac des Corbeaux (1070 m) vorbeiführt. Von diesem Felsen aus hat man einen schönen Blick von oben auf den See. Wir wählen die erste Variante, sehen alsbald durch die Tannen das Wasser des Rabensees blitzen und erreichen den Weg, der um den 7 **Lac des Corbeaux** herumführt. Eine kleine Gaststätte bietet dem Wanderer die Möglichkeit einer Erfrischung und Stärkung. Links vom Restaurant mündet ein Waldfahrweg in östlicher Richtung in den Wald mit dem Wegweiser *Lac de Sèchemer, Pont de Bramont* (mit grüner Raute). In großen Schleifen leitet dieser schöne Wanderweg um das enge Tal herum, in dem der (jetzt ausgetrocknete) einstige Gletschersee (Lac de Sèchemer) noch einen Weiher bildet. In 20 Minuten erreichen wir Les Planches. Der Weg endet genau am Parkplatz.

17

Schauenberg

Pfaffenheim – Notre-Dame du Schauenberg – Osenbühr – Couvent St. Marc (Kloster St. Markus) – Kuckuckstein – Notre-Dame du Schauenberg – Pfaffenheim

Südlich von Colmar fällt das Vogesengebirge nach Osten hin steil ab. Vom Gebirgsrand nach Westen sich ausdehnend, liegt ein fast ebenes Plateau, das weite Wälder birgt: den Pfaffenheimer Wald mit dem Breitenburger Kamm im Nordwesten sowie den Westhaltener Wald im Süden. Es liegt auf einer Höhe von 500 bis 600 m, ist also lange schneefrei. Wenn die Wetterlage im Spätherbst vom Hochdruck bestimmt wird und eine gute Sicht verspricht, bietet sich eine Wanderung zum Wallfahrtsort Notre-Dame du Schauenberg bei Pfaffenheim an. Er rühmt sich einer viel gepriesenen Aussicht auf die Vogesenberge im Norden, auf den Schwarzwald sowie auf die Alpen im Süden. Fünf Münster soll man von dort aus sehen: Freiburg, Breisach, Straßburg, Colmar und Basel.

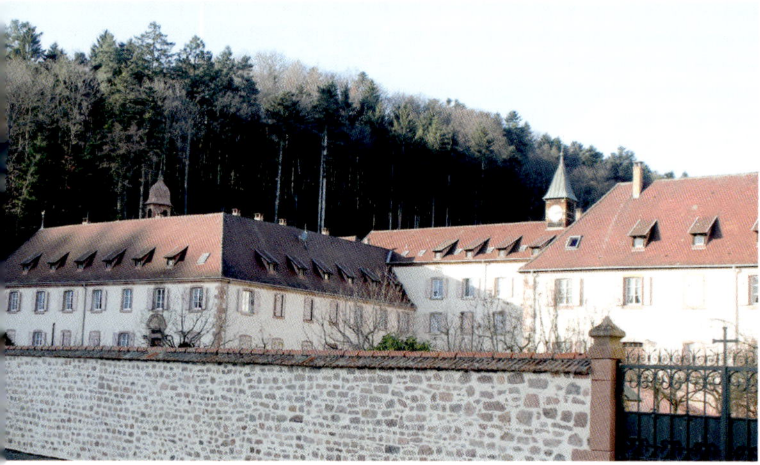

Couvent St. Marc (Kloster St. Markus)

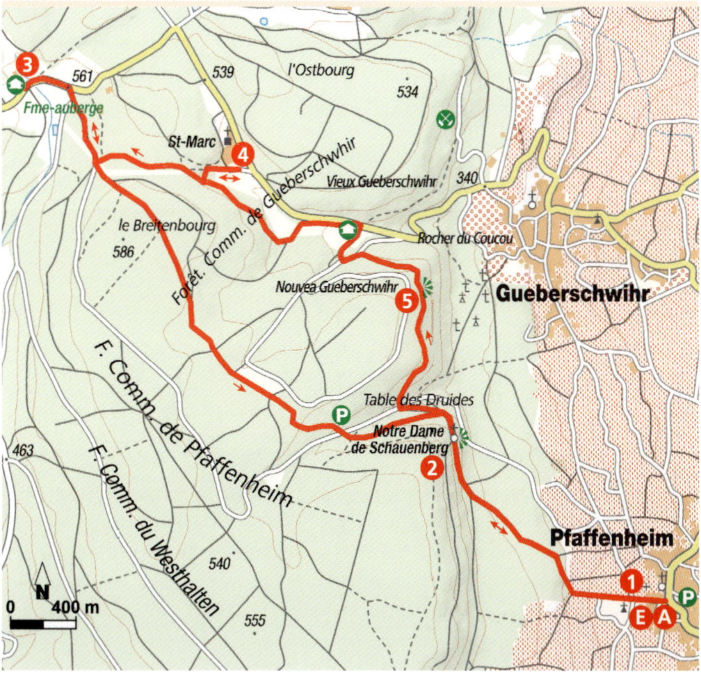

- **Ausgangspunkt** *Pfaffenheim*
- **Aufstieg** *2 Std.*
- **Abstieg** *2 Std.*
- **Gesamtzeit** *4 Std.*
- **Höhenunterschied** *220–580 m*
- **Länge** *13 km*
- **Karte des Vogesenclubs** *Grand Ballon 3719 OT*

Die Wanderung beginnt im reizvollen Weindörfchen ❶ **Pfaffenheim.** Es ist zweckmäßig, den Wagen auf dem Rathausplatz unterhalb der Kirche zu parken. Dort befindet sich ein stillgelegter Dorfbrunnen mit einem mächtigen Sandsteinbecken. Gleich links gegenüber ist der Wegweiser *Schauenberg* (blaues Kreuz). Der Weg führt hinauf in die Rebberge und bietet eine schöne Aussicht über die Rebgärten und das Dorf. Das Langhaus der Kirche, dessen Turmstumpf und Chor Zierstücke aus spätstaufischer Zeit sind, hebt sich besonders aus dem Ortsbild hervor. Dieses »Hauptwerk oberelsässischer Dekorationskunst« (Dehio) sollte man am Ende der Wanderung genauer betrachten. Zahlreiche Kruzifixe und später die barock geformten Kreuze des Stationenwegs aus dem Jahr 1811 lassen sogleich erkennen, dass man sich einem wichtigen Ziel elsässischer Wallfahrt nähert. Wir gelangen nun an den Teufelsstein. Der Teufel, so die Sage, habe diesen Stein

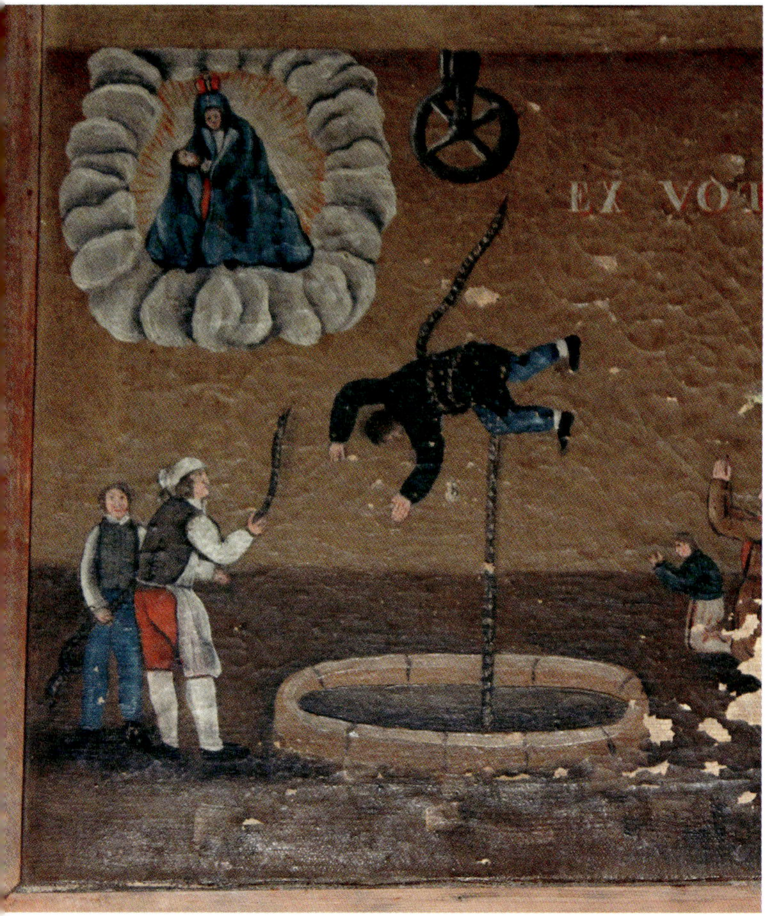

Votivtafel in der Wallfahrtskapelle von Notre-Dame du Schauenberg

gegen die im Bau befindliche Kapelle geschleudert. Eine Eiche habe den Stein jedoch aufgehalten, ihn mit ihren mächtigen Wurzeln festgebannt und umwachsen. Mächtige Felswände, von knorrigen Eichen bewachsen, sind die Kulisse des Stationenwegs. An dessen Ende, kurz vor der Kapelle, steht die Gruppe der um den Herrn schlafenden Jünger aus der Werkstatt des Ruffacher Bildhauers Barta, 19. Jh. Bei der Kapelle

Notre-Dame du Schauenberg
Nach mehreren Umbauten seit dem 16. Jh. bis zur Renovierung von 1968 präsentiert sich die Kapelle als ein schlichter, von unnötigem Zierrat befreiter Raum, der in einfachem Hell gehalten ist. Schön kontrastiert die freigelegte Balkendecke im Chor mit der Decke des Hauptraums. Die Aufmerksamkeit des Betrachters richtet sich auf die wesentlichen Elemente des sakralen Raumes: das von außen hereingeholte Holzkreuz und die Mensa im Chor, auf das Gnadenbild links neben dem Choreingang, die bunten Fenster und den holzgeschnitzten Altar im alten Chor. Das ursprüngliche Gnadenbild ging Ende des 16. Jh. verloren. Ein Colmarer Holzschnitzer schuf das heutige, kaum mehr als handgroße Figürchen: die Madonna mit dem Kinde. Es fand seinen Platz in der Nische des Gnadenaltars, den Franz Joseph von Schauenburg 1695 der Wallfahrtskapelle stiftete. Im alten Seitenchor steht der holzgeschnitzte Flügelaltar mit der zentralen Figur der Madonna im Schutzmantel (von dem Oberbergheimer Künstler Saur, 1947).

Der Wallfahrtsort Schauenberg
Der Ursprung der Wallfahrtskapelle Notre-Dame du Schauenberg geht auf das 15. Jh. zurück. Sie hat eine weit zurückreichende Geschichte, um die sich zahlreiche Legenden ranken. In deren Zentrum steht ein Marienbild: Ein Ritter sei durch eine geheimnisvolle Stimme gewiesen worden (»schau den Berg«) und habe dort ein von Flammen umhegtes Marienbild gefunden. Ein Bote der schwer erkrankten Landgräfin Anna von Hessen habe das in ihrem Zimmer hängende Bild dem Eremiten bei der Kapelle gebracht. Oder: Dem Eremiten sei das Gnadenbild von wunderbarer Hand zugetragen worden. In den neueren Glasfenstern der Kapelle sind Szenen aus der Legende dargestellt: die vom Teufelsstein und das verbriefte Wunder von der Errettung des Bildes nach der Revolution sowie der Sturz eines Rouffacher (Rufacher) Mädchens von der Mauer im Jahr 1811. Auch der Beschießung des Schauenbergs, in dem sich Franctireurs (Freischärler) eingenistet hatten, durch deutsche Artillerie am 30. Oktober 1870 ist gedacht.

2 Notre-Dame du Schauenberg angelangt, können wir nun bei geeigneter Wetterlage eine grandiose Aussicht genießen.

Votivtafeln in der Kapelle Notre-Dame du Schauenberg
Die an der Innenwand zu beiden Seiten des Eingangsportals aufgehängten Votivtafeln machen den Besuch der Kapelle zusätzlich reizvoll. Hier spiegelt sich in echter, naiver Volkskunst die Seele des Landes wider: die Sorgen und Nöte, ihr Tagewerk, die Begegnung mit dem Unglück, gar dem jähen Tod. Die Freude am Drastischen, Derben, die auch aus der Sprache des alemannischen Elsässers herausdringt, breitet sich da in satten Farben und in unmissverständlichen, wenn auch oft unbeholfenen Gesten aus. Auf allen Bildern thront in kunstvoll gemalten Prachtgewändern, umgeben von Himmelsstrahlen, meist pausbäckig lächelnd wie eine Bauernmagd im Sonntagsstaat, die Hl. Jungfrau mit dem Kinde. Es waren wohl verschiedene Maler, »peintres naïfs«, die ab 1828 auf Bestellung malten: Ein Sturz vom Obstbaum, der Dank eines überlebenden Soldaten und eine Votivtafel, welche die Region vor dem Kernkraftwerk Fessenheim schützen soll... Man gewinnt aus diesen Tafeln wesentliche Erkenntnisse über die Bewohner des Elsass.

Das zweite Ziel der Wanderung heißt Osenbühr. Wenn man Schauenberg durch das nördliche Tor verlässt, befindet sich linker Hand der Wegweiser *Osenbühr* mit blauem und rotem Kreuz. Der Fußweg steigt leicht hoch und stößt auf einen Waldfahrweg, den wir überqueren. Von nun an weist ein rotes Kreuz den Weg bis ans Ziel, vorbei an einer mächtigen Eiche mit Marienhäuschen (Notre-Dame-du-Chêne). Wir gehen nun so lange auf schnurgeradem Pfad, bis durch die Bäume Häuser schimmern. Wir gelangen schließlich an eine Weggabelung mit dem Hinweis *Couvent St. Marc* (Kloster St. Markus) nach rechts. Zuvor sollte man jedoch 500 m bis zu einer geteerten Fahrstraße weitergehen. Wir erblicken dort den ehemaligen Klosterhof **3 Osenbühr** (heute ein Forsthaus). Leider ist der Weiler durch die Errichtung einiger neuerer Gebäude seines Reizes beraubt. Aber die sanft nach Süden abfallende Talmulde mit Weiher und Blick auf die Südvogesen ist ein bezaubernder Flecken. Eine Ferme-Auberge, die auch im Winter geöffnet ist, lässt eine Einkehr zu (am Mittwoch ist Ruhetag).

Wir kehren zurück zur Weggabelung und wandern links hinab Richtung Kloster St. Markus (rotes Dreieck). Etwa 100 m oberhalb des Klosters führt der Pfad weiter ins Tal und ist mit einer roten Raute gezeichnet; auf dem Wegweiser steht

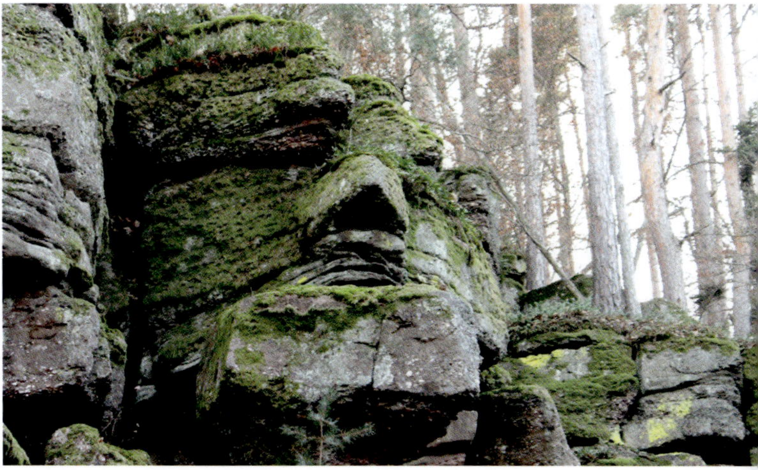

Der Kuckuckstein

Schauenberg. Aber zunächst sollte man etwa 150 m nach links absteigen, um die Klosterkirche zu besichtigen und einen Blick auf die imposante Anlage zu werfen. Das ❹ **Couvent St. Marc** (Kloster St. Markus) der St.-Josephs-Schwestern ist das Mutterkloster von St. Trudpert im Münstertal (Schwarzwald). Es ist eines der ältesten Benediktinerklöster in der Region und wurde oftmals zerstört und abgebrannt. Während der Revolution wurde es 1791 verstaatlicht und 1845 wieder zurückgekauft. Die eindrucksvollen Klostergebäude stammen überwiegend aus dem 18. Jh.

Wir kehren nun die 150 m zu dem Wegweiser *Schauenberg* zurück und wandern das Tal hinunter bis zum Forsthaus St. Marc. Nach dem Forsthaus biegt der Weg rechts ab (Wegweiser *Schauenberg*, blaue und rote Raute) und führt hinauf zum Wald (dann mit roter Raute). Wir machen einen kurzen Umweg und folgen dem Schild *Rocher remarquable* (bemerkenswerter Felsen) zum ❺ **Kuckuckstein.** Der Felsen an sich ist mit seinen aufgetürmten Platten schon sehenswert. Wir haben aber auch eine bezaubernde Sicht auf die Weindörfer, vor allem auf Gueberschwihr, dessen Glockenturm mit seinen dreigeschossigen Arkaden als der schönste Turm des Elsass gilt. Wir folgen dem Felsenpfad, der sich steil am Hang bis zum Parkplatz am Schauenberg hinschlängelt. Von dort aus führt derselbe Weg (mit blauem Kreuz) zurück nach Pfaffenheim.

Rothenbachkopf

Mittlach – Col du Herrenberg (La Crête = Vogesenkamm) – Rothenbachkopf (1316 m) – Col du Rothenbach – Steinwasen (Ferme-Auberge) – Kolbenfechttal – Holzbrücke – Mittlach

Der Rothenbachkopf (1316 m) wird häufig das »Matterhorn der Vogesen« genannt. Aber er hat diesen abwegigen Vergleich gar nicht nötig. Er ist ein Berg von derartiger Wucht und Schönheit, dass er schon sich selbst genug sein kann. Die in einen breiten ehemaligen Gletscherkessel steil nach Osten ins Mittlachtal hinunter abstürzende Wand verleiht dem Rothenbachkopf etwas Majestätisches. Aber nicht nur die Gipfelbesteigung und der Ausblick machen diese Wanderung lohnend. Auch der Aufstieg von Mittlach durch prächtige Buchen-Tannen-Wälder, der Pfad auf der Crête (Kamm) und der prachtvolle Abstieg durch den Kessel lassen diese Wanderung zu einem Erlebnis werden.

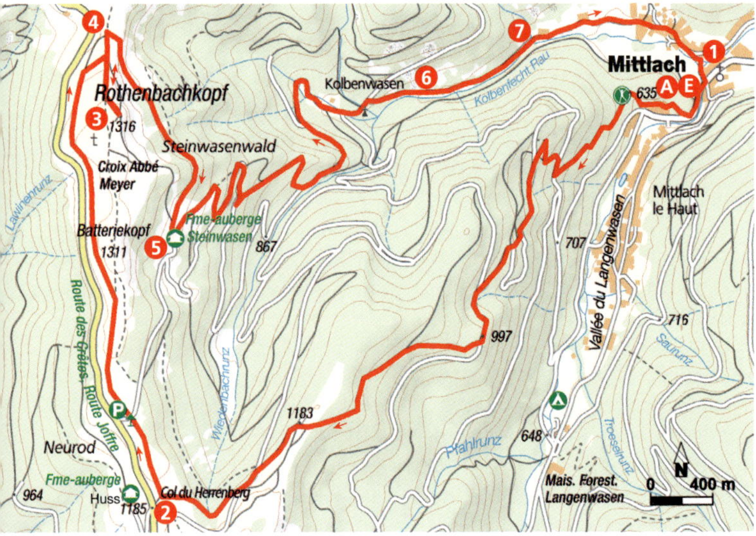

- **Ausgangspunkt** *Mittlach*
- **Aufstieg** *3 Std.*
- **Abstieg** *2,5 Std.*
- **Gesamtzeit** *5,5 Std.*
- **Höhenunterschied** *526–1316 m*
- **Länge** *19 km*
- **Karte des Vogesenclubs** *Le Hohneck, Géradmer, La Bresse 3618 OT*

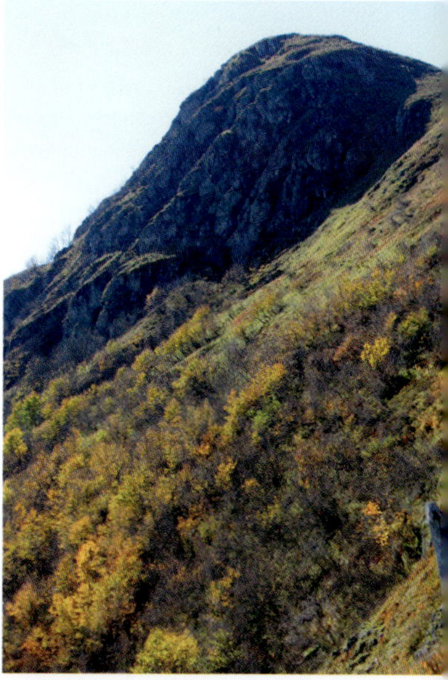

Der Rothenbachkopf

Startpunkt ist ❶ **Mittlach.** Bei der Abzweigung im Ort fährt man nach links an der Kirche vorbei, nach 100 m liegt links ein Parkplatz. Auf der gegenüberliegenden Seite am Waldrand steht der für uns maßgebliche Wegweiser *Col du Herrenberg, La Crête* (mit rotem Rechteck GR 5). Wir steigen diesen Pfad, einmal mit weiten, dann mit engen Serpentinen, durch einen besonders schönen Buchen-Tannen-Wald den Hang hinauf und können bequem die 700 Höhenmeter bis zum Kamm überwinden. Dass die folgenden Wegweiser den Col du Herrenberg (Herrenbergpass) nicht mehr aufführen, sondern die Ferme Huss und La Crête, darf einen nicht beunruhigen. Wenn wir den Wald zum ersten Mal verlassen – der Wegweiser an einer Stange könnte missverstanden werden –, müssen wir uns links halten und gehen der Buchenbegrenzung entlang immer in südwestliche Richtung. Dort ist auch wieder das Zeichen. Wenn wir den Wald zum zweiten Mal verlassen, sehen wir den Wegweiser in etwa 150 m Entfernung an einer Stange auf der Weide sowie eine weitere Stange, an der das runde Schild *Ici Col du Herrenberg 1191 m* befestigt ist. Zum ❷ **Col du Herrenberg** ist der Weg insgesamt gut gekennzeichnet und das erste Zwischenziel somit erreicht.

Wir befinden uns auf dem Kammweg und sehen vor uns den Wegweiser *Col de la Schlucht, Rainkopf …*

(mit rot-weiß-rotem Rechteck). Wir gehen auf dem schmalen Pfad in diese Richtung, der sich oberhalb der »Route des Crêtes« den Hang entlangzieht. Er bietet eine schöne Aussicht auf das Thanner Tal und die Bergketten der Westvogesen. Nach etwa 45 Minuten verlassen wir den Kammweg und steigen nach rechts auf den ❸ **Rothenbachkopf.** Nach

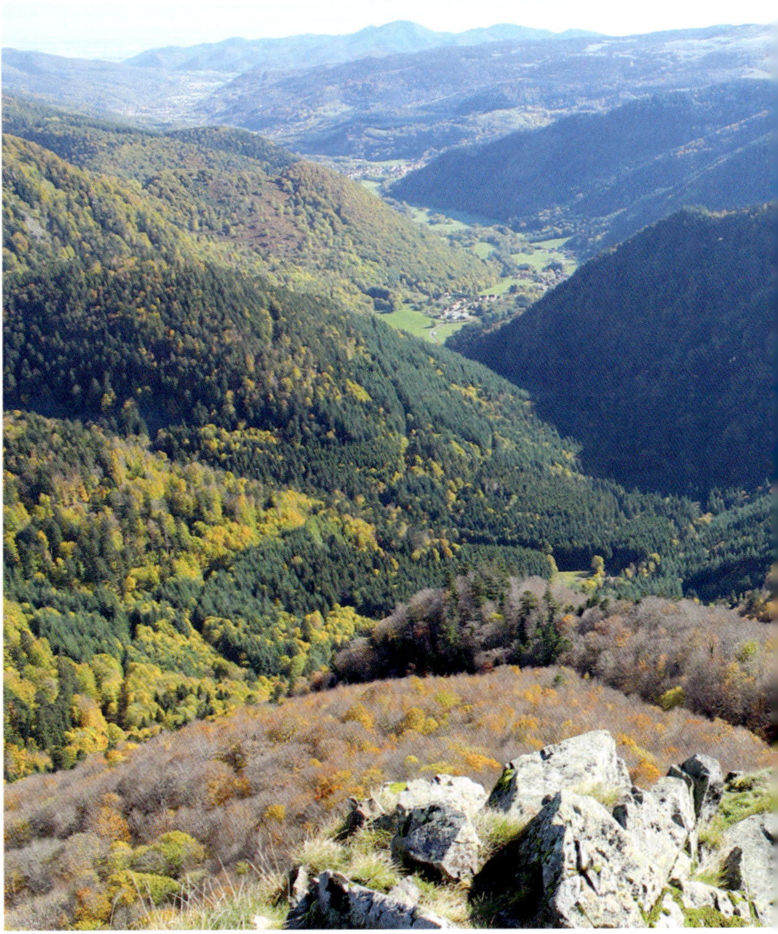

Blick auf das Tal der Fecht

kurzem, steilem Anstieg stehen wir auf der Spitze des mächtigen Berges und genießen die wunderbare Rundsicht. Besonders der Steilabfall nach Osten ins Mittlachtal gibt einen imposanten Blick, zumal der Kessel am Osthang des Batteriekopfs und des Rothenbachkopfs von Norden her von den Felshängen des Rainkopfs eingerahmt wird.

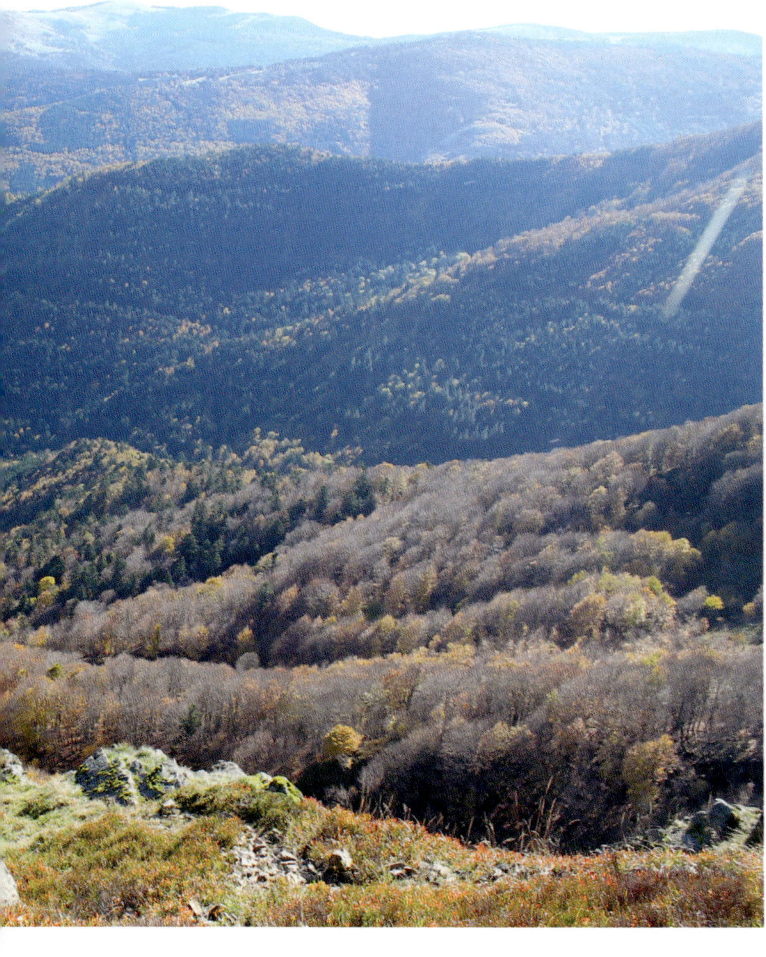

Von der Bergspitze steigen wird nach Norden ab zum 4 **Col du Rothenbach,** an dem eine Stange mit zahlreichen Wegweisern steht. Für uns maßgeblich ist das Schild *Steinwasen* (mit blauem Kreuz). Es geht auf schmalem, felsigem Pfad den Osthang des Rothenbachkopfs steil hinunter und dann den Kessel entlang auf fast ebenem Weg zu der Ferme-Auberge 5 **Steinwasen**. Vor der Treppe zur Terrasse sehen wir den Wegweiser *Mittlach* (weiter mit blauem Kreuz). Wir gehen einen grasbewachsenen Weg über die Weide geradeaus hinab und finden am Waldrand das blaue Kreuz wieder. Wo der Gebirgspfad auf einen

Der Buchen-Tannen-Wald der Vogesen

Beim Begehen der Gebirgspfade und Waldwege in den Südvogesen fällt auf, dass der Wald nur selten Fichtenbestände aufweist. Der Schwarzwald dagegen ist ein Gebirge, dessen Baumvegetation weitgehend von der Fichte beherrscht wird. Wie erklärt sich dieser Unterschied? Es gibt historische und klimatische Ursachen.

In den Vogesen war eine »holzverzehrende Industrie« wie Bergbau, Glasmacherei, Verhüttung und Holzeinschlag für den Export viel weniger und viel später verbreitet als im Schwarzwald. Während hier im 17./18. Jh. der Wald völlig verwüstet wurde, blieben die Buchen-Tannen-Bestände in den Vogesen erhalten. Gerade beim Aufstieg von Mittlach zum Herrenberg ist ein besonders schönes Beispiel des Buchen-Tannen-Waldes und des Bergahorn-Tannen-Waldes zu bewundern. Im Schwarzwald wurden im 19. Jh. die öden Flächen mit der schnell wachsenden Fichte bepflanzt, die bis heute das Bild dieser Gebirgswälder überwiegend prägt.

Aber auch klimatisch sind die Vogesen für die Fichte kein günstiger Standort. Sie bilden eine Barriere für die von Westen einströmenden Luftmassen; daher sind die Niederschläge in den Vogesen häufiger als im Schwarzwald. Im Winter liegt auch mehr Schnee. Die höheren Schneemengen erzeugen an den Fichten den Schneeschimmel, ein Pilz, der die Bäume stark schädigt. Mit dem milde getönten atlantischen Klima erleben die Vogesen im Winter immer wieder Föhneinbrüche. Der Temperaturanstieg zur Unzeit unterbricht die für die Fichte erforderliche Winterruhe. Durch den immer wieder aktivierten Stoffwechsel gerät sie in Stress. Daher gibt es in den Vogesen nur auf Kaltluft sammelnden Karböden in Hochlagen natürliche Fichtenbestände. Als Neu- oder Wiederbesiedler wie im Schwarzwald eignet sich daher die Fichte in den Vogesen nicht.

Waldfahrweg mündet, gehen wir diesen (ohne Zeichen) nach links hinunter, finden aber nach 300 m in einer Rechtskehre das Zeichen am Waldrand wieder, das uns auf einen schmalen Pfad weist. Schließlich stoßen wir erneut auf eine Waldfahrstraße, die wir nach links (ohne Zeichen) hinuntergehen. Begleitet von der Wiedenbachrunz, geht der Fahrweg (leider) in eine schmale asphaltierte Waldfahrstraße über, die uns in das 6 **Kolbenfechttal** führt. Die Straße ist nicht befahren und verläuft unter Schatten spendenden Bäumen die kräftig rauschende Kolbenfecht entlang. Wir erreichen nach 2 km eine nach rechts über die Kolbenfecht führende 7 **Holzbrücke,** überschreiten diese und halten uns links (das Schild *Steinwasen* mit dem blauen Kreuz weist in die Gegenrichtung). Auf diesem Weg gehen wir nun auf Mittlach zu, sehen bald den Kirchturm und erreichen nach gut 1 km genau unseren Startpunkt, den Parkplatz. Es gibt zwar gegen Ende der Route mit dem blauen Kreuz bei der Wegmarkierung geringfügige Unsicherheiten. Letztlich kann man aber den Weg nach Mittlach nicht verfehlen.

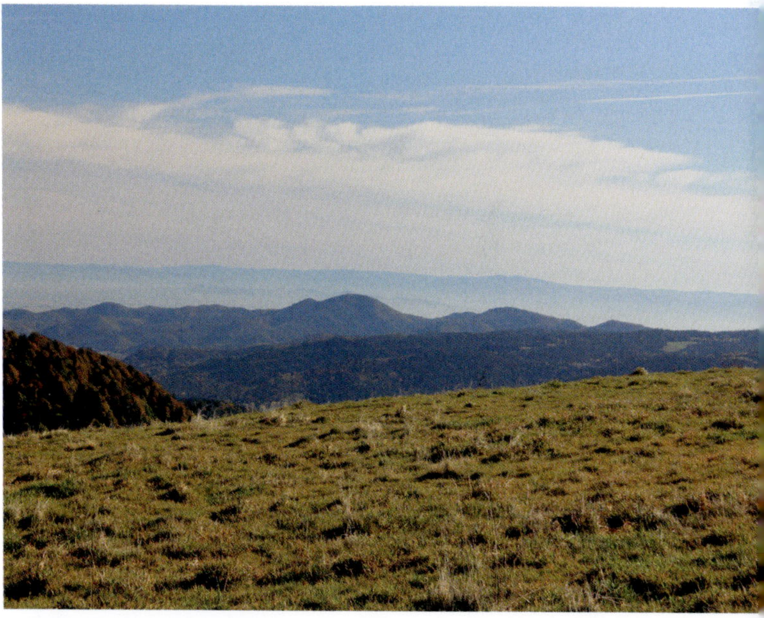

Ausblick vom Rothenbachkopf

19

Hohneck

Metzeral (Place de la Mairie, Rathausplatz) – Wormsatal – Fischbödle – Schiessrothriedsee – Schiessroth (Ferme-Auberge) – Col du Schaeferthal (Schäfertalsattel) – Hohneck – Col du Schaeferthal – Schaller – Gaschney – Braunkopf – Metzeral

Die Wanderung zum Hohneck ist aus mehreren Gründen reizvoll. Der Hohneck ist der dritthöchste Berg der Vogesen und gewährt eine weite, prächtige Aussicht. Von Südosten her bietet er das Bild einer wilden, fast alpinen Gebirgslandschaft. In deren Tiefe liegt trichterfömig eingebettet der Schiessrothriedsee. Zu diesem Stausee führt von Metzeral ein einmalig schöner Pfad durch das Wormsatal.

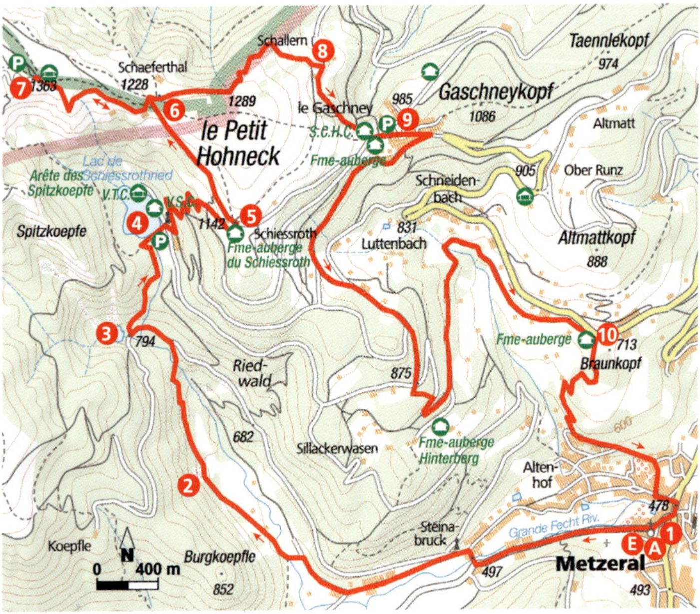

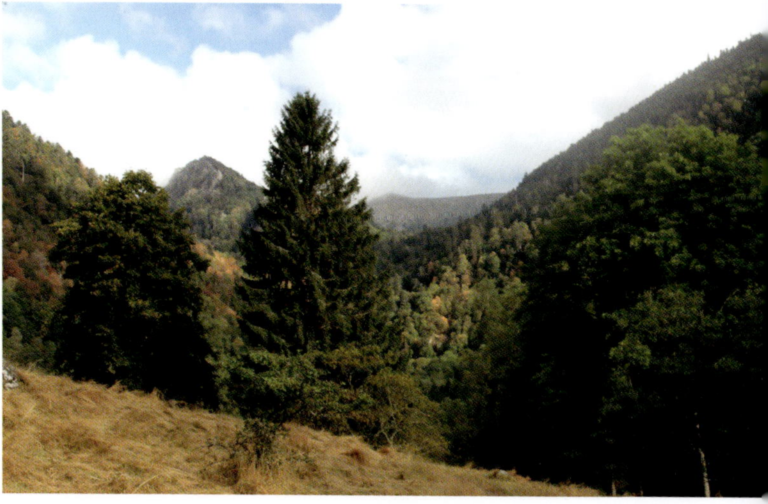

Im Wormsatal

- **Ausgangspunkt** *Metzeral (Place de la Mairie, Rathausplatz)*
- **Aufstieg** *3,5 Std.*
- **Abstieg** *3 Std.*
- **Gesamtzeit** *6,5 Std.*
- **Höhenunterschied** *478–1361 m*
- **Länge** *21 km*
- **Karte des Vogesenclubs** *Le Hohneck 3618 OT*

Wir beginnen die Wanderung in ❶ **Metzeral** (von Munster über die D 10) und parken den Wagen auf der Place de la Mairie (Rathausplatz); der Platz liegt in der Ortsmitte rechts an der D 10. Gegenüber dem Hotel »Le soleil royal« ist eine große Tafel mit den Wanderwegen und Zielen angebracht. Dort ist auch unser Weg vermerkt: *Lac de Schiessroth, Le Hohneck (par la vallée de la Wormsa)* mit rotem Rechteck. Allerdings muss man erst 800 m auf der Landstraße (D 10 VI) Richtung Mittlach bis zu einer Brücke gehen. Sie ist wenig befahren. Wir überqueren die über die Fecht führende Brücke (Steinabruck) und stoßen wieder auf den Wegweiser *Schiessrothriedsee*. Dann gehen wir nach links und folgen dem Lauf der Fecht. Bei einer Weggabelung steht das Schild *Schiessrothriedsee direct* mit rotem Kreuz. Diesen Weg nehmen wir nicht, sondern orientieren

Winterkämpfe auf dem Hohneck 1944

Die deutsche Wehrmacht hatte im Zweiten Weltkrieg in den Vogesen an wichtigen strategischen Punkten eine Verteidigungslinie errichtet, die sogenannte Winterlinie. Sie sollte einen Durchbruch durch die Vogesen von Westen her verhindern. Der französische Oberkommandierende Maréchal de Lattre de Tassigny erkannte jedoch, dass ein Angriff von Westen durch die Vogesen – insbesondere im Winter – aussichtslos oder zumindest sehr verlustreich wäre. Daher drangen die französischen Streitkräfte über die Pforte von Belfort in das Elsass ein und führten im Gebirge nur Scheinangriffe, um deutsche Kräfte dort zu binden.

Der Hohneck wird Anfang Dezember 1944 noch von der deutschen Wehrmacht gehalten. Am 3. Dezember 1944 gelingt es der 1. Gruppe des »Escadron du Jura«, einer Widerstandsbewegung der Inneren Französischen Streitkräfte (FFI = Forces françaises de l'intérieur), den Hohneck zu besetzen. Sie wird am 6. Dezember durch die 1. Kompanie (Compagnie Lartigau) des 4. Tunesischen Infanterieregiments der Afrika-Armee abgelöst. Es herrschen sehr starke Schneestürme und eisige Kälte. Bei einem deutschen Gegenangriff am 8. Dezember wird die tunesische Kompanie eingekesselt, am 11. Dezember werden die Nachrichtensender zerstört. Sie leistet heftigen Widerstand trotz schwierigster Bedingungen; selbst die Waffen sind eingefroren. Weiteren tunesischen und algerischen Einsatzkräften gelingt es nicht, den Ring der deutschen Einkreisung zu durchbrechen. Unter Einsatz von Panzerfäusten und Flammenwerfern setzt sich der deutsche Gegenangriff schließlich durch. Die überlebenden tunesischen Soldaten, die sich in den Trümmern des Gipfelhotels zu schützen suchen, unterliegen bis zum 14. Dezember 1944 endgültig.

uns an dem Wegweiser *Lac de Schiessrothried (par la vallée de la Wormsa* = über das Wormsatal) mit rotem Rechteck.

Wir gelangen bald in das wegen seiner alpinen Wildheit berühmte ❷ **Wormsatal.** Eine Hinweistafel verkündet, dass Emile Immer, örtlicher Präsident des Vogesenclubs, um 1884 den Gebirgspfad anlegen ließ. Der Weg führt teils am Bach entlang, teils über neu errichtete Brücken über ihn. Er ist von Wasserfällen durchrauscht und von mächtigen Tannen und Buchen in ein geheimnisvolles Dämmerlicht gehüllt, moosüberzogene Felsen säumen den Pfad. Er ist nicht einfach zu begehen, da er mit Felsbrocken belegt ist. Es lohnt sich, immer wieder

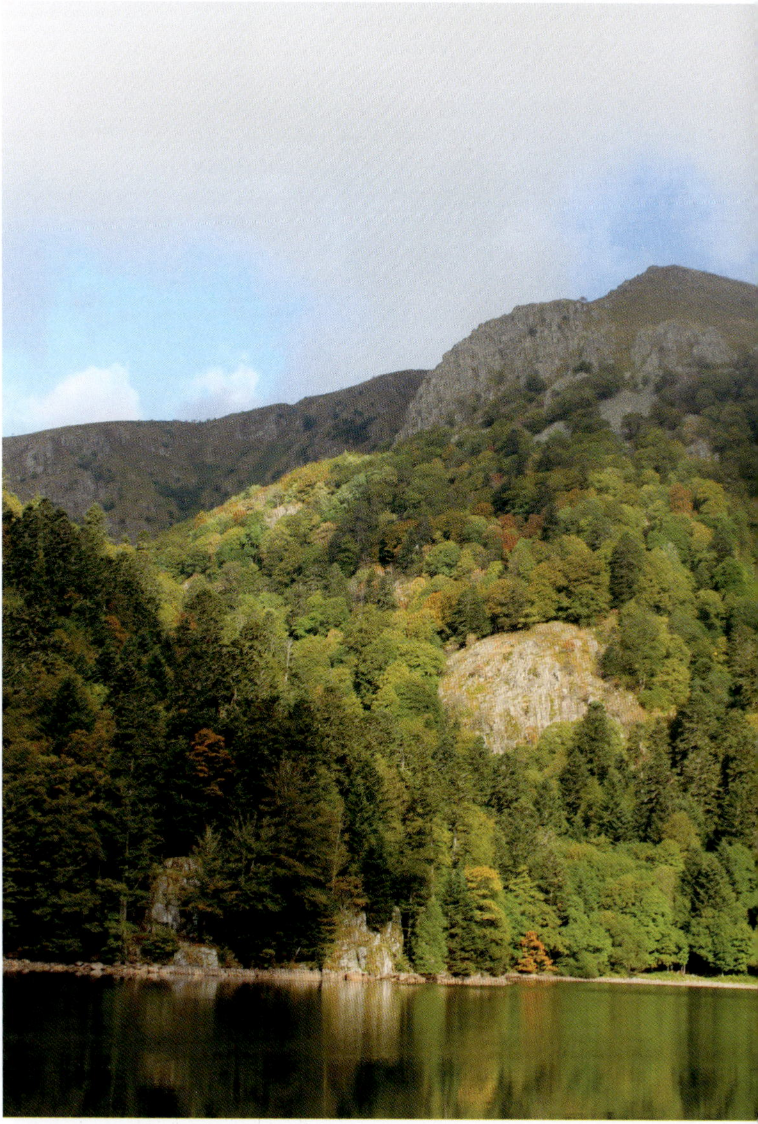

Der Schiessrothriedsee

den Blick zurückzuwenden und das Bild einer eindrucksvollen Gebirgslandschaft aufzunehmen.

Der Pfad endet am 3 **Fischbödle,** einem idyllischen kleinen künstlichen See in wilder Felsgegend. Er wurde anstelle eines eingegangenen Gletschersees zur Züchtung von Forellen Ende des 19. Jh. angelegt. Vom »Wasserfelsen« stürzt in der Zeit der Schneeschmelze ein imposanter Wasserfall herab. Das Fischbödle wird mit Wasser von zwei Tälchen gespeist, die von den beiden Bergen Spitzköpfen und Schwalbennestern in seinen Kessel herabfallen, dem Ammeltälchen sowie dem Wormsatal. Der Abfluss, der sich aus dem Schiessrothriedsee und dem Fischbödle bildet, heißt daher Wormsa.

Unser nächstes Ziel ist der 4 **Schiessrothriedsee** (920 m), ein Stausee, den man von 1887 bis 1891

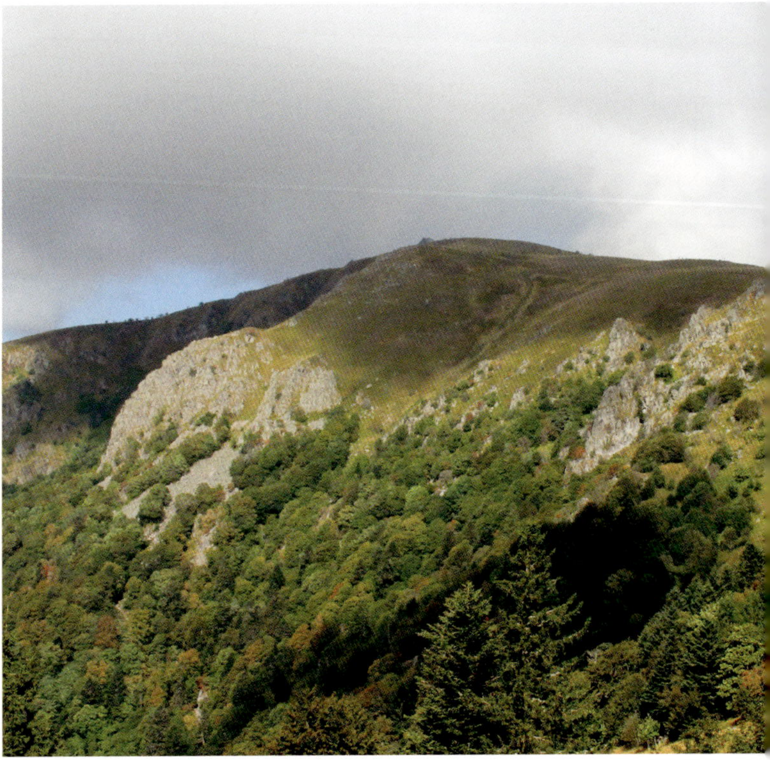

angelegt hatte, um das vom Hohneck durch den einstigen Gletschergraben herabfließende Wasser zu fassen. Er hat 5,6 ha Wasserfläche und ist 12,5 m tief. Eingebettet zwischen die herabfallenden Hänge der beiden Hohneck im Norden und Osten sowie die Felswände der Spitzköpfe im Westen, bildet er ein Wanderziel von besonderer Schönheit. Wir überqueren die Staumauer und finden am Ende den Wegweiser *Schiessroth* (weiter rotes Rechteck), einer Ferme. Gegenüber der Wegweisertafel führt der Weg in den Wald – das an einer Tanne angebrachte Zeichen ist nicht leicht zu erkennen. Alsbald erreichen wir über einen Serpentinenweg **5 Schiessroth.** Von dem Hügel bei der Ferme bietet sich ein schöner Blick ins Schiessrohtried, zum See und dahinter auf den einstigen Gletschergraben, das Wormspel. Darüber ragen die Zacken der Spitzköpfe hervor und im Norden dahinter der majestätisch daliegende Große Hohneck, während rechts der Kleine Hohneck mit bizarren Felspartien imponiert. Wir steigen nun in völlig baumfreier Landschaft, die den Blick nach allen Seiten zulässt, zum **6 Col du Schaeferthal** hinauf, der nach der darunterliegenden Ferme Schäfertal benannt ist.

Es bleibt uns noch der Aufstieg zum (Großen) **7 Hohneck,** der Wegweiser enthält die Zeitangabe von 25 Minuten. Eine gusseiserne Orientierungstafel aus alter deutscher Zeit hilft, auf dem Gipfel die Sehziele auszumachen. Vom Donon im Norden bis zum Grand Ballon im Süden ist alles in Nähe und Ferne gut zu erkennen. Auch die Sicht auf die westliche Gebirgslandschaft geht in eine unendliche Weite. Auf dem Gipfel steht ein Restaurant, unterhalb ein Kriegerdenkmal, das an die Kämpfe im Dezember 1944 erinnert.

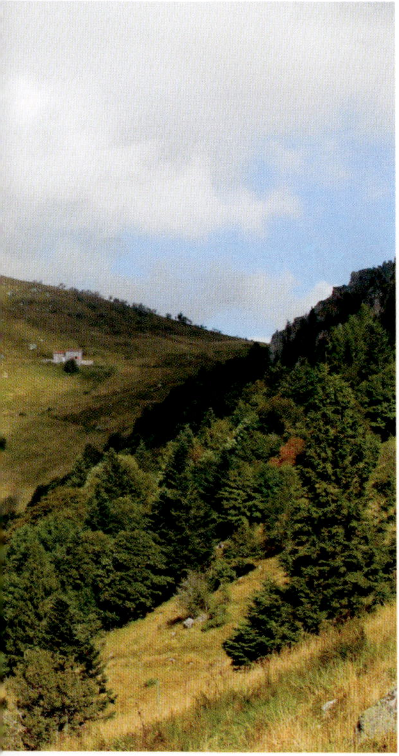

Der Große Hohneck

Wir kehren nun zurück zum Col du Schaeferthal (Schäfertalsattel), wo ein Schild den Weg nach *Gaschney* (mit rotem Dreieck) weist. Bei einer Gabelung folgen wir dem Wegweiser *Schaller* mit rotem Dreieck (nicht nach *Frankenthal*). Der schmale Pfad schlängelt sich an der Nordseite des Kleinen Hohneck über 8 **Schaller** vorbei und beinhaltet einige steile Passagen, die aber gut gesichert sind. Bald erreichen wir über Schaller den kleinen Luftkur- und Skiort 9 **Gaschney.** Nach dem Verlassen des Waldes folgen wir 100 m der Fahrstraße und gelangen an einem großen Platz an einen Wegweiser mit vielen Tafeln. Für uns ist jetzt die Weisung *Metzeral* (mit blauem Punkt) maßgeblich.

Typisch für die Vogesen: Kare

Vom Gipfel des Großen Hohneck blicken wir hinab in einen gewaltigen Kessel. Solche Kessel werden als Kare bezeichnet; dies sind nischenartige Aushöhlungen, die halbkreisförmig in den Berghang eingelagert sind und durch Gletscher geformt wurden. Die Felsrückwand ist wie beim Rothenbachkopf meist steil und schroff. Häufig bildet ein kreisrundes, wassergefülltes Becken als Boden den Abschluss, Karsee genannt. Ein Moränenwall oder eine Felsschwelle zur Talseite hin verhindert den Abfluss des Wassers. Diese wilden und großartig ausgestalteten Kare sind in den Südvogesen besonders auffällig und eindrucksvoll.

Unter welchen Bedingungen sind sie entstanden? Zuerst muss eine geeignete Vorform gegeben sein, ein Quelltrichter oder eine Quellmulde mit einer steilen Bergrückwand und darunterliegenden flachen Hangteilen. Sie entstanden durch ältere Erosionseinflüsse, Gesteinswechsel oder tektonische Einwirkungen. Weiter ist die Exposition zur Windrichtung von Bedeutung: eine Leelage, bezogen auf die Niederschlag bringenden Winde, wie wir sie an der Ostseite des Vogesenkamms vorfinden. Sie bewirkt eine starke Schneeanhäufung. Schließlich ist die Schattenlage mit später Schneeschmelze eine günstige Voraussetzung für die Vergletscherung.

Unter solchen Bedingungen entstanden in der Würmeiszeit (vor 10 000 Jahren) Gletscher, welche die Bergmulden ausformten. Auf der Ostseite der Vogesen erklärt sich ihre dichte Reihung entlang des Nord-Süd-Kamms durch den Steilabfall zum Rheintal, die Leeseite und die günstige Schattenlage. Besonders eindrucksvoll sind die steil abfallenden Bergrücken nördlich des Rainkopfs und die riesigen, teils treppenförmigen Kessel und Felswände von Schiessrothried, Frankenthal, Forlenweiher, Lac Blanc und Lac Noir.

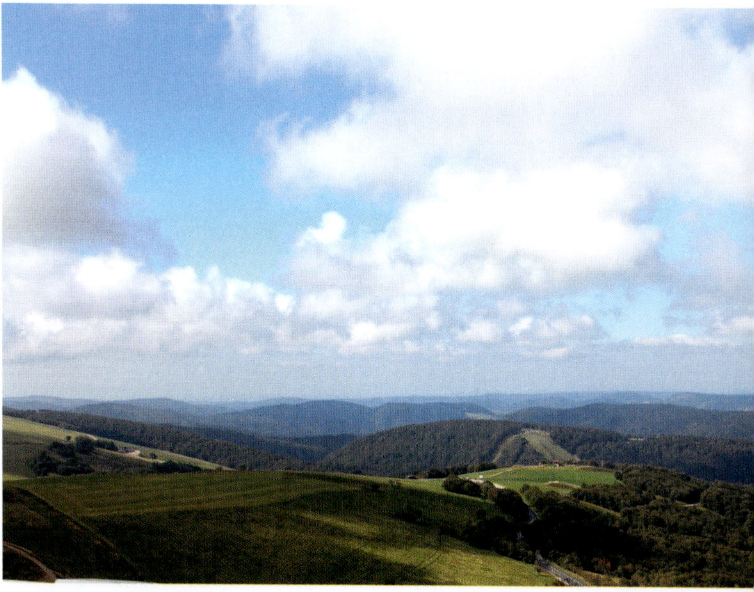

Sicht vom Hohneckgipfel

Wir setzen den Weg auf der Fahrstraße etwa 200 m fort, bis nach rechts ein Waldweg abzweigt, der durch ein Schild ausgewiesen ist. Wir folgen diesem Weg, der sich am Hang entlang leicht abfallend hinzieht, aber nicht mehr mit dem blauen Punkt gekennzeichnet ist. Bei einer Gabelung halten wir uns links und bleiben auf dem sich absenkenden Weg, der auf eine schmale Fahrstraße mündet, überqueren diese, steigen noch etwa 100 m den Hang hinab bis zu derselben Fahrstraße. Sie ist zwar asphaltiert, führt aber leicht bergab durch einen schattigen Wald und ist nicht befahren. Auf dieser bleiben wir nun für etwa 2 km bis zur Ferme ⑩ **Braunkopf.** Dort geht nach rechts ein Waldweg ab (wieder mit dem blauen Punkt), der uns direkt nach Metzeral bringt. (Hinweis: Um von Gaschney nach Metzeral abzusteigen, muss man nach der Karte in jedem Fall etwa 2 km auf der Fahrstraße gehen. Es handelt sich um die D 310, die von Muhlbach nach Gaschney führt. Sie ist allerdings etwas stärker befahren, sodass es sich anbietet, die schattige, kaum durch Fahrzeuge benutzte Straße – wie im Track aufgezeichnet – zu begehen.)

Schnepfenriedkopf

Mittlach – Schnepfenriedwasen – Schnepfenriedkopf – Col du Platzerwasel – Uff Rain (Ferme-Auberge) – Salzbach (Ferme-Auberge) – Col d' Hahnenbrunnen – Pfahlrunzfälle – Langenwasen – Mittlach

Das Ziel dieser Wanderung ist ein Seitenkamm der Vogesen. Er schiebt sich vom bekannten Vogesenkamm Schlucht-Markstein über den Lauchenkopf, Nonselkopf und Schnepfenriedkopf (1258 m) ins Fechttal vor. Der Höhepunkt der Wanderung ist der wegen seiner einmaligen Rundsicht gepriesene Schnepfenriedkopf. Der Weg von diesem Berg zur Crête (Vogesenkamm), der sich stets auf einer Höhe zwischen 1100 und 1200 m bewegt, bevor er wieder ins Tal hinunterführt, besticht durch seine weiten Ausblicke über die Vogesenberge.

- **Ausgangspunkt** *Mittlach*
- **Aufstieg** *3 Std.*
- **Abstieg** *3 Std.*
- **Gesamtzeit** *6 Std.*
- **Höhenunterschied** *526–1258 m*
- **Länge** *21 km*
- **Karte des Vogesenclubs** *Bussang, La Bresse 3619 OT*

Die Wanderung ist wegen der Markierung der Wege nicht ganz einfach zu bewältigen; daher eine besonders sorgfältige Beschreibung. Wir gehen von ❶ **Mittlach** aus, das man über Munster und Metzeral erreicht. Wo sich die Straße im Ort gabelt, hält man sich links und fährt an der Kirche sowie an einer Brücke vorbei. Unmittelbar hinter ihr ist ein Parkplatz. Wir gehen zurück zur Brücke; dort befindet sich der maßgebliche Wegweiser *Schnepfenried* (gelber Punkt). Ein nicht befestigter Weg führt geradeaus hinauf und mündet auf eine geteerte Fahrstraße. Diese gehen wir etwa 100 m nach links und sehen auf der rechten Seite den Wegweiser und Beginn des Pfades zum Schnepfenried. Er überwindet in Serpentinen 500 Höhenmeter bis zum ❷ **Schnepfenriedwasen,** einer Hochfläche, die Ausgangspunkt der Skilifte zum Schnepfenriedkopf ist (mit Hotels und Vereinsheimen).

Wo der Pfad den Wald verlässt, halten wir uns rechts unter Vermeidung des Ortes auf einem Waldweg (ohne Markierung), der im rechten Winkel auf einen Weg stößt. Wir gehen etwa 30 m nach links gemäß dem Wegweiser *Vers parking du Schnepfenried* (rotes Kreuz) und stehen an der Skipiste. Da es keinen gezeichneten Weg zum Gipfel des Schnepfenriedkopfs gibt, ersteigen wir die Höhe entlang eines Schlepplifts. Er gibt eine sichere Orientierung. Nach einem Aufstieg von weiteren 250 Höhenmetern erreichen wir den Gipfel des ❸ **Schnepfenriedkopfs.** Die Rundsicht ist eindrucksvoll: Im Nordosten blicken wir ins Münstertal, rechts davon sehen wir den Kleinen Belchen (Kahler Wasen), im Südosten den Großen Belchen (Grand Ballon), im Westen den

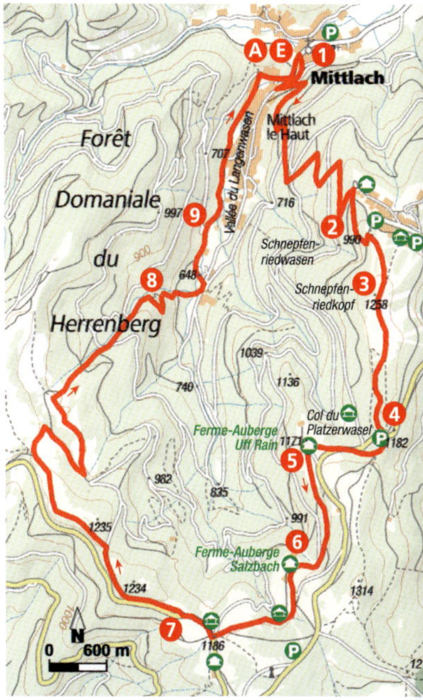

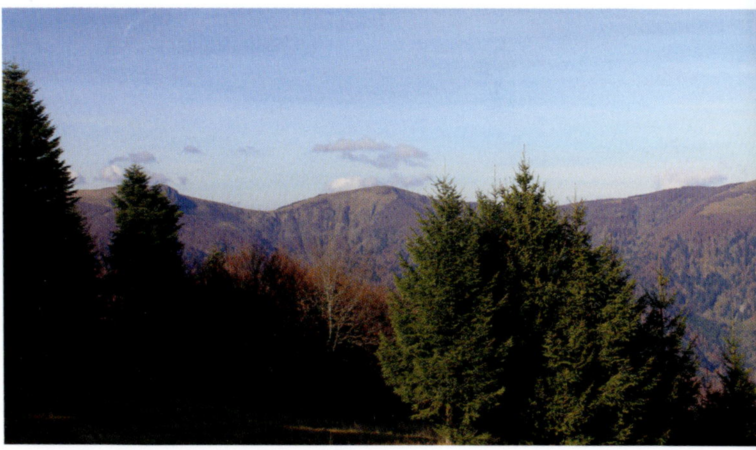

Sicht auf die Crête vom Schnepfenriedkopf

Rothenbachkopf, nach Norden den Hohneck und Tanneckfelsen – um die markantesten Berge zu nennen.

Auch auf dem Gipfel gibt es keinen Wegweiser. Aber ein Weg führt in südliche Richtung leicht bergab. Ein roter Pfeil mit der Nummer 3 – Teil eines Circuit (Rundwegs) – zeigt die Richtung an. Wir gehen durch einen Wald und erreichen die Fahrstraße D 27 sowie den Parkplatz 4 **Col du Platzerwasel,** einen Sattel auf 1182 m Höhe. Dort beginnt wieder die Wegweisung. Für uns maßgeblich ist das Schild *Salzbach, Hahnenbrunnen, Route des Crêtes* (rot-weiß-rotes Rechteck). Es gibt zwei Möglichkeiten, dorthin zu kommen: den Weg über den Lauchen- und Nonselkopf (blauer Punkt) oder den Hangweg, der mit dem rot-weiß-roten Rechteck markiert ist. Wir wählen die letztere Variante und gelangen zur Ferme-Auberge 5 **Uff Rain.** Vor dem Gebäude biegt der Pfad nach links oberhalb des Brunnens ab – der Wegweiser *Hahnenbrunnen* ist nur von der Gegenseite zu lesen. Wir erreichen bald die Ferme-Auberge 6 **Salzbach** und folgen der an einem Weidezaunpfahl angebrachten Markierung dem Pfad

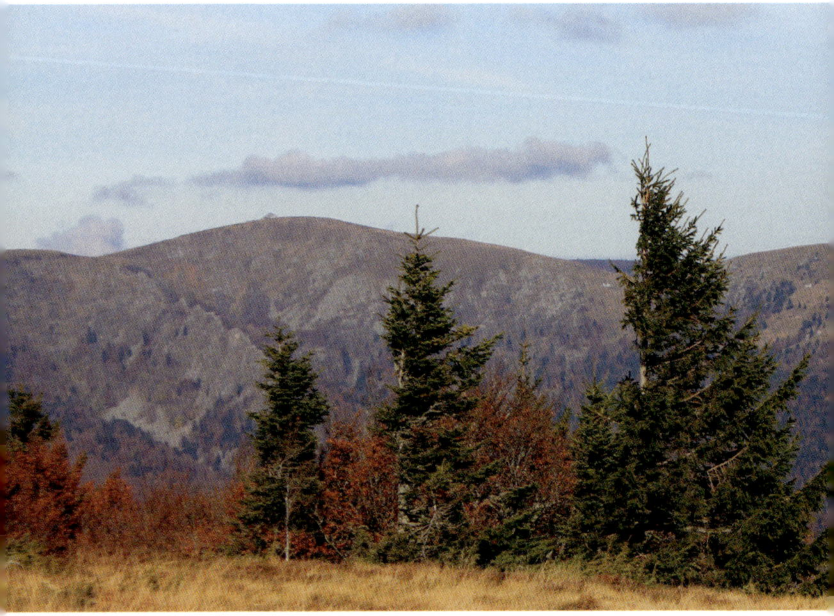

Herbststimmung am Schnepfenriedkopf

über die Viehweiden. Er führt zum **7 Col d'Hahnenbrunnen** und damit zur Route des Crêtes.

Wir stoßen an dieser Stelle auf den berühmten Kammweg GR 5, das Schild *Col du Herrenberg, Hohneck, Schlucht* weist die Richtung nach Norden mit dem roten Rechteck. Das Schild *Mittlach* (*non balisé* = nicht markiert) auf halber Strecke lassen wir unbeachtet. Wir gehen auf dem Kammweg etwa 40 Minuten und kommen an eine Wegkreuzung. Dort steht vor einem Anstieg eine Stange mit dem Wegweiser *Mittlach* (gelbes Kreuz) u.a. Man kann nach

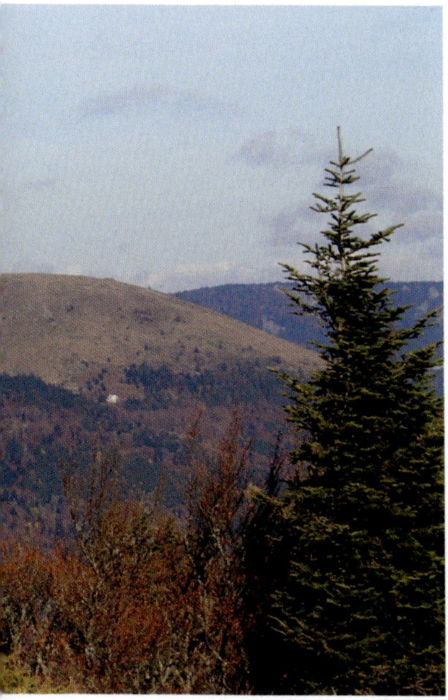

etwa 500 m in den Wald nach links abbiegen oder über einen Weg in Schleifen zur ehemaligen Ferme Schweisel (heute ein Wanderheim) über die Weiden gehen. Wegen der schönen Sicht ziehen wir die letztere Variante vor. Am Wanderheim steigt man nach links auf einem Grasweg hoch und überquert auf einem Pfad etwa 500 m am Hang entlang ein Weidegelände mit sumpfigen Stellen. Dieser Pfad stößt im rechten Winkel auf einen von oben nach unten verlaufenden Weg und auf die Markierung: ein auf einer Eisenstange angebrachtes gelbes Kreuz.

Von nun an führt der Weg in Serpentinen steil bergab und ist gut gezeichnet. Er überquert eine Waldfahrstraße; dort findet man den Wegweiser *Pfahlrunz (cascades* = Wasserfälle*), Mittlach*. Der Pfad berührt immer wieder das Bachbett der Pfahlrunz, die an ihrem Ende die **8 Pfahlrunzfälle** bildet. Man hört das Wasser durch ihr tief in die Felsen eingeschnittenes Bett rauschen. Einzelne Zugangswege führen jeweils auf eine der über das Bachbett geschlagenen Brücken, von denen aus man die imposanten Bachstürze sehen kann. In Zeiten der Wasserfülle ein eindrucksvolles Schauspiel. Unser Abstiegsweg endet am Campingplatz **9 Langenwasen.** Um nach Mittlach zu gelangen, müssen wir noch eine halbe Stunde auf einem geteerten Forstweg gehen, der am Parkplatz endet.

21

Ventron

Barrage de Kruth-Wildenstein (Stausee) – Bocklochkopf – Ventron – Tête du Chat Sauvage (Katzenkopf) – Chaume des Wintergés – Barrage de Kruth-Wildenstein

Die Wanderung zum Grand Ventron führt uns in das Tal der Thur, das für seine landschaftliche Schönheit gerühmt wird. Wir steigen von dort nicht nach Osten auf einen der bekannten Vogesenberge, die an der Route des Crêtes liegen, sondern auf den im Westen liegenden Kamm mit einer ganzen Reihe von Gipfeln zwischen 1100 und 1200 m. Er bildete die deutsch-französische Grenze von 1871. Der König dieser Berge ist der Grand Ventron, der eine einzigartige Rundsicht vom Col de la Schlucht bis zum Ballon d'Alsace bietet. Das südlich davon liegende Gebirgsmassiv und der Kammweg sind landschaftlich so vielfältig und reizvoll, dass hier 1989 ein Landschafts- und Naturschutzgebiet eingerichtet wurde. Lohnend ist aber schon der Ausgangspunkt der Wanderung: der Stausee Kruth-Wildenstein.

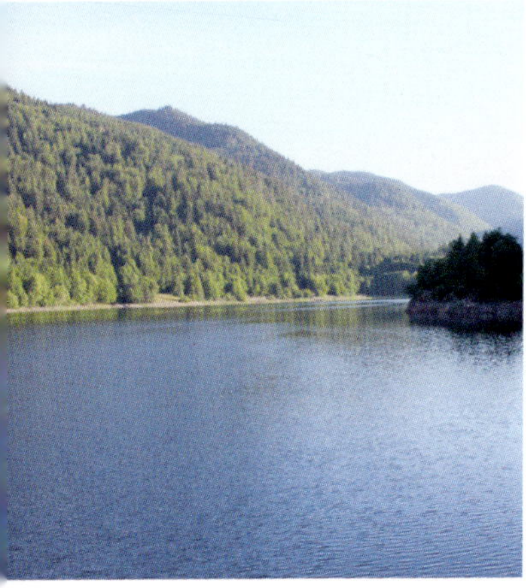

Der Stausee von Kruth-Wildenstein

- **Ausgangspunkt** *Barrage de Kruth-Wildenstein (Stausee)*
- **Aufstieg** *2,5 Std.*
- **Abstieg** *2,75 Std.*
- **Gesamtzeit** *5,25 Std.*
- **Höhenunterschied** *500–1209 m (und 100 m auf dem Kammweg)*
- **Länge** *15 km*
- **Karte des Vogesenclubs** *Bussang, La Bresse 3619 OT*

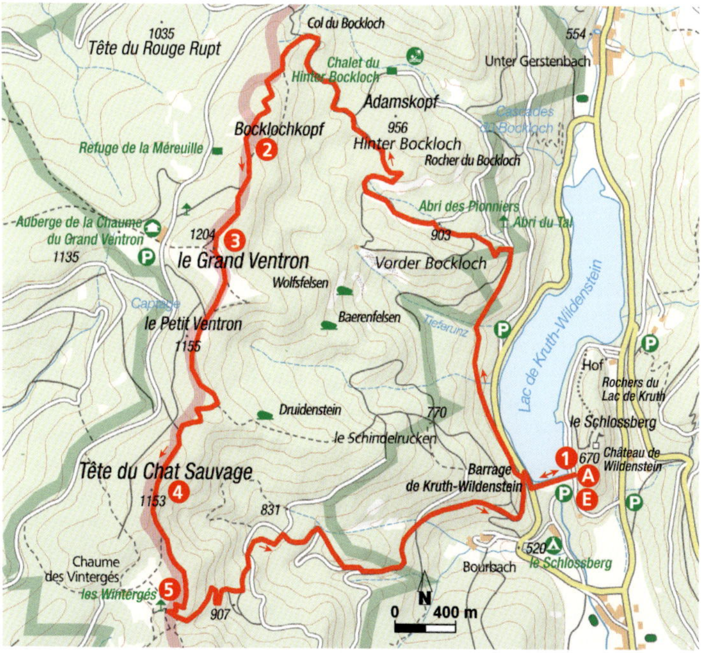

Auf der D 13 B biegt etwa 500 m (aus Richtung Thann) nördlich von Kruth eine Straße nach links ab, ausgewiesen durch das braune Schild »*Barrage de Kruth-Wildenstein*«. Der Stausee ❶ **Barrage de Kruth-Wildenstein** schließt an der engsten Stelle, wo sich die Thur früher am Schlossberg mit der Ruine Wildenstein vorbeizwängte, das Tal ab. Man fährt diese Zufahrtstraße zum Stausee 500 m hoch und gelangt an einen unmittelbar an der Staumauer gelegenen Parkplatz. Wir gehen über den Staudamm; an dessen westlichem Ende finden wir den Wegweiser *Col de Bockloch* (mit rotem Dreieck). Das ist zwar nicht das nächste Ziel, aber für etwa zwei Stunden orientieren wir uns am roten Dreieck. Der Weg steigt stetig, aber bequem bis auf etwa 1100 m an. Er ist wie auch die weiteren Wege gut gekennzeichnet. Vom hohen Kamm herab stürzen einige Bäche ins Tal der Thur und in den Stausee. Wir überschreiten auf einem Steg das Heidelbeerenloch, das einen kleinen Wasserfall bildet. Ein zweiter Steg überquert die Tiefenrunz. Der Weg führt uns in einen eindrucksvollen Hochtalkessel mit Felsen und urwüchsigen Tannen.

Wir gelangen – schon von Weitem deutlich sichtbar – an eine Weggabelung mit Wegweisern. Ein Schild weist nach rechts zum *Col du Bockloch*, zu dem wir aber nicht gehen. Vielmehr biegt ein Pfad auf dem Kamm nach links ab mit dem Wegweiser *Grand Ventron 1,7 km (*blaues Rechteck und GR 531*)*. Er führt durch einen Buchenwald, der vom Sturm niedergehalten und wild gewachsen ist, mit vermoosten, am Boden liegenden Baumruinen. Bald tauchen die Grenzsteine von 1871 auf. Nach einer guten halben Stunde weiteren Anstiegs, vorbei am ❷ **Bocklochkopf,** stehen wir auf dem Gipfel des ❸ **Ventron.** Die Aussicht ist prachtvoll: Ein Bergsommerbild vollendeter Schönheit liegt

Elsässische Senner auf den lothringischen Hochweiden

Das Gebiet des Grand Ventron bildete die Südecke eines ehemals einige Hundert Sennereien umfassenden lothringischen Weideterritoriums, das mit der Zentrale in Münster seit dem frühen Mittelalter den bekannten Münsterkäse produzierte. »Stadt und Tal Münster im Gregoriental« bildeten einen unter kaiserlichem Schutz stehenden Freistaat, ein einzigartiges staatsrechtliches Gebilde.

Das wirtschaftliche Fundament dieses Talstaats bestand in der Weidewirtschaft und der Käserei. Die Reichsabtei Münster an der Ostseite des Vogesenkamms arbeitete eng mit der Abtei Remiremont an der oberen Mosel zusammen. Da die Weiden an den Osttälern der Vogesen nicht ausreichten, benutzten die Münstertäler die auf lothringischem Boden gelegenen »Hohen Weiden«. Eine im 13. Jh. geschlossene staatsvertragliche Regelung gestattete es den Elsässer Hirten, das Vieh zur Überwinterung auf lothringischer Seite in Ställen unterzubringen. Aus einer solchen Stallgründung ist das Dorf »Winterung« entstanden, dessen Name in »Ventron« umgebildet wurde. Daher auch der Name des Berges, der heute noch elsässisch »Winterung« genannt wird.

Die Hochweiden wurden von der Reichsabtei Remiremont nicht kostenlos zur Verfügung gestellt. Als Entgelt für die Weidenutzung hatten die Elsässer den Käse- und Buttererertrag eines Weidetags abzuliefern. Alljährlich im Juni, wenn die Kuh am meisten Milch gibt, erschien der Bote aus Remiremont und sagte den Tag an, an dem die Käselieferung stattzufinden hatte. Der Bürgermeister von Münster benachrichtigte die Senner auf den Weiden, und am festgesetzten Tag machten sich diese mit Käse und Butter auf nach Gerdsee (Gérardmer). Sie wurden von den lothringischen Beamten zu einem reichlichen Mahl eingeladen.

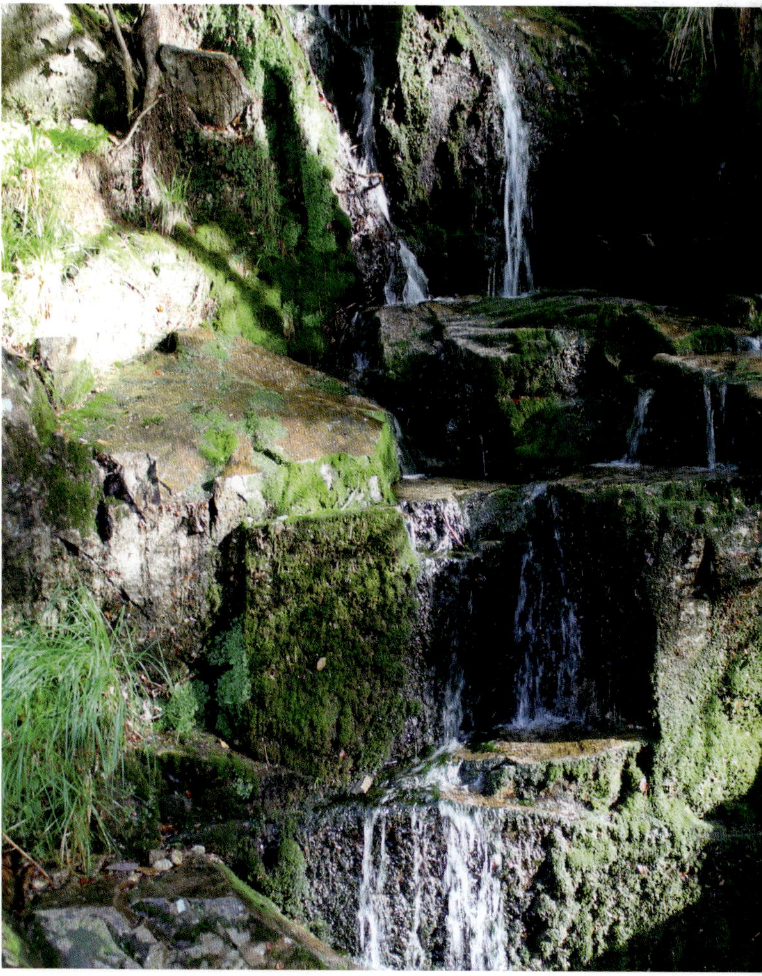

Eine Felsformation beim Aufstieg auf den Ventron

vor uns. Eine große Orientierungstafel bezeichnet die Namen der bekannten Vogesenberge vom Hohneck über den Grand Ballon bis zum Ballon d'Alsace. Ringsum erstreckt sich Weideland, sodass nur die Sicht nach Westen versperrt ist. Nur eines vermisst man auf diesem herrlichen

»Réserve naturelle nationale du massif du Ventron«

Um den Grand Ventron und das Gebirgsmassiv im Süden wurde 1989 ein Landschafts- und Naturschutzgebiet mit einer Fläche von 1647 ha eingerichtet. Anlass war, eine Ausgleichsfläche für den »Barrage de la Lande« bei La Bresse zu schaffen. Sie liegt zwischen 700 m und 1204 m Höhe diesseits und jenseits des Kammes zwischen dem Col de Bramont und dem Col d'Oderen, also teils im Département Haut-Rhin, teils im Département Vosges.

Die Landschaft ist durch vier unterschiedliche Merkmale geprägt. Nach Osten fallen Steilhänge und felsige Abbrüche mit Geröllhalden und tief eingeschnittenen Gebirgsbächen (sogenannte Runzen) zum Thurtal ab. Auf der Höhe breiten sich Hochweiden aus, die durch Rodungen im Mittelalter entstanden sind. Hierfür ist die Bergkuppe des Grand Ventron ein schönes Beispiel. Die Wälder – meist aus Buchen und Tannen bestehend – sind urwüchsig und über weite Flächen unberührt. Es gibt über 50 Sumpfwiesen und Tümpel; sie sind wichtige Biotope für die Fauna und Flora. Zahlreiche geschützte Pflanzen wachsen in dieser Zone. Es gibt Luchse, Wildkatzen und Auerhähne. 2011 wurden zwei Grauwölfe gesichtet.

Bemerkenswert ist ein Vorgang aus dem Zweiten Weltkrieg: Diese unzugängliche Gebirgsregion – vor allem der Kammweg über den Grand Ventron – wurde 1940 nach der Kapitulation Frankreichs von französischen Soldaten von Nord nach Süd als Fluchtweg genutzt, um in das nicht besetzte Frankreich zu gelangen. Die Chaume du Grand Vetron diente als Hilfsstation, um die Flüchtenden mit Lebensmitteln und Kleidern zu versorgen. Die dörfliche Bevölkerung der Umgebung wirkte dabei heimlich mit.

Berggipfel: das melodische Geläute der weidenden Viehherden. Die am westlichen Fuß der Kuppe gelegene Ferme wird mittlerweile nur noch als Gasthaus betrieben, und die historischen Hochweiden werden nicht mehr bewirtschaftet.

Ein Wegweiser (weiter mit dem blauen Rechteck) gibt den Weg nach *Wintergès* an. Wir erreichen über die 4 **Tête du Chat Sauvage** die 5 **Chaume des Wintergés,** eine kleine Hochweide. Dort steht ein (ziemlich verkommener) Abri (Schutzhütte). 50 m östlich davon geht der Weg mit dem Schild *Barrage de Kruth-Wildenstein* (mit gelbem Punkt, am Ende mit gelbem Kreuz) ab. Zunächst führt uns ein Serpentinenpfad, dann ein Waldfahrweg bequem hinunter in das Tal der Thur. Er endet direkt am Stausee.

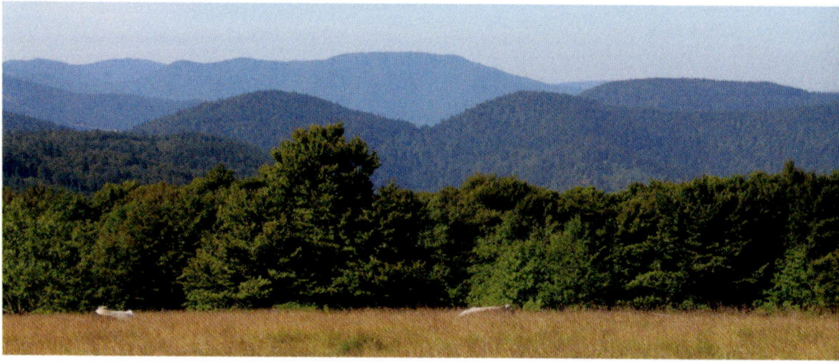

Blick vom Ventron

Der Stausee von Kruth-Wildenstein

Der Stausee von Kruth-Wildenstein ist der größte See in den Vogesen und ein beeindruckendes Bauwerk. Seine Oberfläche umfasst 81 ha, und sein Fassungsvolumen beträgt 12 Mio. m^3 Wasser. Er ist bis zu 23 m tief, die Staumauer ist 140 m lang.

Schon im 19. Jh. haben Unternehmer der Textil- und Metallindustrie, die sich in den Tälern der Thur, der Dotter und der Lauch angesiedelt hatten, einen Plan für ein Rückhaltebecken im oberen Thurtal entwickelt. Es sollte eine regelmäßige Wasserversorgung der Betriebe gewährleisten. 1861 stellte man erste Untersuchungen im Tal unterhalb von Wildenstein an. Aber die Realisierung des Projekts wurde aus finanziellen und technischen Gründen aufgegeben.

Im Jahr 1950 wurde die Planung durch das Département Haut-Rhin wieder aufgenommen. Ziel war es dabei, das Wasser der Thur zu Zeiten des Hochwassers aufzustauen und während der Trockenperioden einen regelmäßigen Durchfluss von mindestens 3 m^3 pro Sekunde in Willer-sur-Thur zu gewährleisten. Damit waren die Anforderungen von Industrie, Landwirtschaft und Gemeinden erfüllt. Zugleich ist der Stausee ein wirkungsvoller Hochwasserschutz; denn das Tal wurde immer wieder – besonders im Jahr 1954 – überschwemmt.

Der Bau des Stauwehrs wurde 1960 begonnen und 1963 abgeschlossen. Es besteht aus einem großen Erddamm, der talaufwärts – also zur Seeseite hin – mit einer gewaltigen Betondecke verstärkt wurde. Die Ausführung oblag dem Département Haut-Rhin mit technischer und finanzieller Unterstützung des Landwirtschaftsministeriums sowie der Gemeinden und der ortsansässigen Industrie.

Grand Ballon

St. Barnabé (Murbach) – Münsteraeckerle – Judenhutplan – Grand Ballon (Großer Belchen – Parkplatz und Gipfel) – Roedelen – Judenhutplan – St. Barnabé

Schaut man von den Höhen des südlichen Schwarzwalds nach Westen, so zieht der markante Gipfel des Grand Ballon (Großer Belchen) den Blick auf sich. Er ist mit 1424 m der höchste der Vogesenberge. Von dort aus – so vermutet der Betrachter – muss man eine prächtige Sicht haben. Und so ist es tatsächlich bei der exponierten Lage dieses Berges. Aber auch die Wanderwege von Murbach aus sind reizvoll. Schließlich birgt das Tal ein besonderes Juwel: die Abteikirche, eines der schönsten Zeugnisse romanischer Baukunst im Elsass.

- **Ausgangspunkt** *St. Barnabé (Murbach)*
- **Aufstieg** *3,5 Std.*
- **Abstieg** *2,5 Std.*
- **Gesamtzeit** *6 Std.*
- **Höhenunterschied** *420–1424 m*
- **Länge** *17 km*
- **Karte des Vogesenclubs** *Grand Ballon 3719 OT*

Diese Wanderung beginnt bei ❶ **St. Barnabé,** einer Hotelanlage (1 km vor Murbach). Rechter Hand ist ein großer Parkplatz, wo man den Wagen abstellen kann. Gleich links vor dem Hotel führt ein Waldweg hoch, und der Wegweiser *Münsteraeckerle* (mit rotem Punkt) gibt das erste Wanderziel an. Den Wegweiser *Judenhut* (rotes Dreieck) lassen wir unbeachtet; dieser Waldweg wird unser Rückweg sein. Der Weg folgt teilweise dem Bachbett eines kleinen Seitenflüsschens des Murbachs und verengt sich später zu einem steil ansteigenden Pfad, der gut markiert ist. Wir erreichen nach ungefähr 45 Minuten das ❷ **Münsteraeckerle,** einen Sattel mit uralten Linden, wo mehrere Wege zusammentreffen.

Unser nächstes Ziel ist der Judenhutplan (auf Wegweisern oft nur *Judenhut*). Auf dem Münsteraeckerle

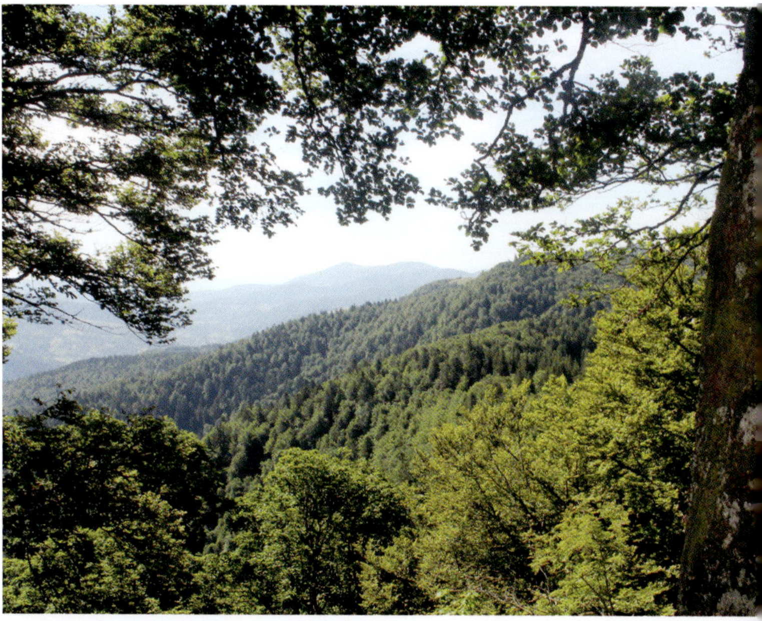

Blick vom Großen Belchen nach Südwesten

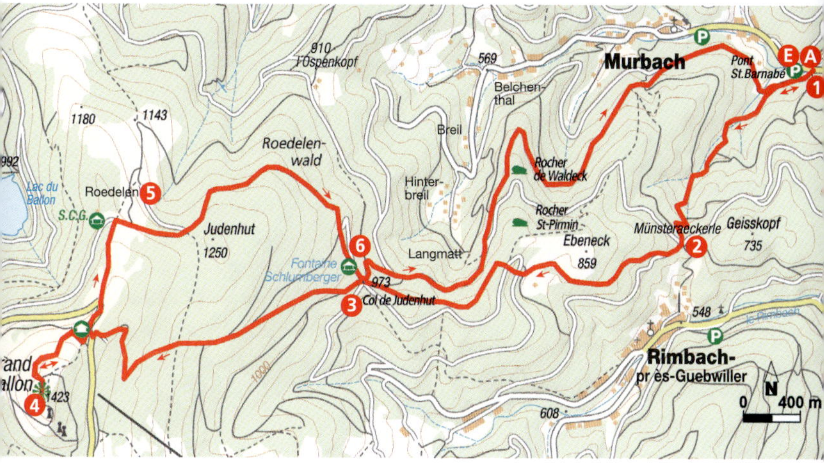

Die Klosterkirche von Murbach

Das Tal von Murbach wurde wahrscheinlich von irischen Mönchen in der Merowingerzeit besiedelt. 727 führte Pirmin im Kloster Murbach die Benediktinerregel ein.

Im Kunstführer *Alsace romane* wird die Klosterkirche St. Leodegar von Murbach (erbaut um 1150) als einer der schönsten und eindrucksvollsten Zeugen romanischer Architektur im Elsass bezeichnet. Schon die Lage ist bewundernswert. Diese enorme Masse, errichtet in einem Bündel von vertikalen Linien, fügt sich in die Talsohle des Murbachs malerisch ein. Das feine Rosa und Gelb der Steine harmoniert mit dem Blau des Himmels und dem Grün der Wiesen und Wälder. Je mehr man sich dem Bauwerk nähert, desto mehr gewinnt es an Größe und Majestät. Es übt eine außerordentliche Ausstrahlung aus.

Erhalten sind von diesem Kunstwerk nur der Chor und das Querschiff mit den Türmen. Im Jahr 1525 verheerten die Bauern im Bauernkrieg das Kloster. Die Klostergebäude und die Kirche wurden 1625 – also während des Dreißigjährigen Krieges – durch die Truppen des Herzogs von Weimar geplündert und teilweise verwüstet. 1726 beschloss der Klosterkonvent, das Schiff in barockem Baustil (!) zu erneuern, und man brach das baufällige romanische Westwerk und das Langhaus ab. 1739 wurden die Arbeiten eingestellt und die Steine für den Bau der sehenswerten Barockkirche Notre-Dame de Guebwiller verwendet. 1759 siedelten die Mönche aus dem abgelegenen Tal nach Guebwiller über. Auch dort gibt es eine romanische Kirche: St. Leodegar, deren Besuch sich lohnt.

1764 wurde die Abtei säkularisiert. Damit endet die tausendjährige Geschichte eines der größten Benediktinerklöster des Abendlandes, das namhaften Einfluss auf Kunst, Wissenschaft und Politik seiner Zeit ausübte.

werden zwei Wege dorthin gewiesen (mit rot-weiß-rotem Rechteck): eine Nordroute und eine Südroute. Die Nordroute führt durch den Wald, ist schattig und bietet keine Sicht – im Gegensatz zur Südroute. Sie führt in leichtem Anstieg am Südhang des Ebeneckbergs entlang und ist gut gezeichnet. Der 3 **Judenhutplan** ist eine große Lichtung mit Rastplatz, Schutzhütte und einem Brunnen. Dieser wurde vom Vogesenclub Guebwiller ihrem verdienten Mitglied Jean Schlumberger 1895 zur goldenen Hochzeit gewidmet. Die Brunnenstube wurde 1918 von deutschen Soldaten erneuert.

Auch an dieser Weggabelung kann man zwei Routen zum Grand Ballon wählen: eine Nord- und eine

Südroute. Beide führen um den Judenhut (1232 m) herum. Der Berg trägt seinen Namen nach dem mittelalterlichen spitzen Hut der Juden. Für den Aufstieg wählen wir die Südroute und gehen daher links am Brunnen vorbei. Dort ist auch der Wegweiser *Grand Ballon* (weiterhin rot-weiß-rotes Rechteck). Der nun kontinuierlich steigende Weg führt durch schöne Buchenwälder mit vielen Drei- und Vierlingsbäumen zum Parkplatz am Fuß des 4 **Grand Ballon.** Wir steigen selbstverständlich noch zum Gipfel (15 Minuten) hinauf und werden für die Mühen des Aufstiegs mit einer wunderbar weiten Sicht in alle Richtungen reichlich belohnt.

Für den Abstieg wählen wir die Nordroute um den Judenhut. Wir gehen daher etwa 200 m in nördliche Richtung der Fahrstraße entlang, die zunächst eine Rechtskurve und dann eine Haarnadelkurve nach links beschreibt. Mitten in der Linkskurve steht der Wegweiser *Roedelen, Judenhut* (rot-weiß-rotes Rechteck), und beginnt der Pfad, der uns erst zum Wegpunkt 5 **Roedelen** und dann wieder zurück zum Rastplatz am Judenhutplan bringt.

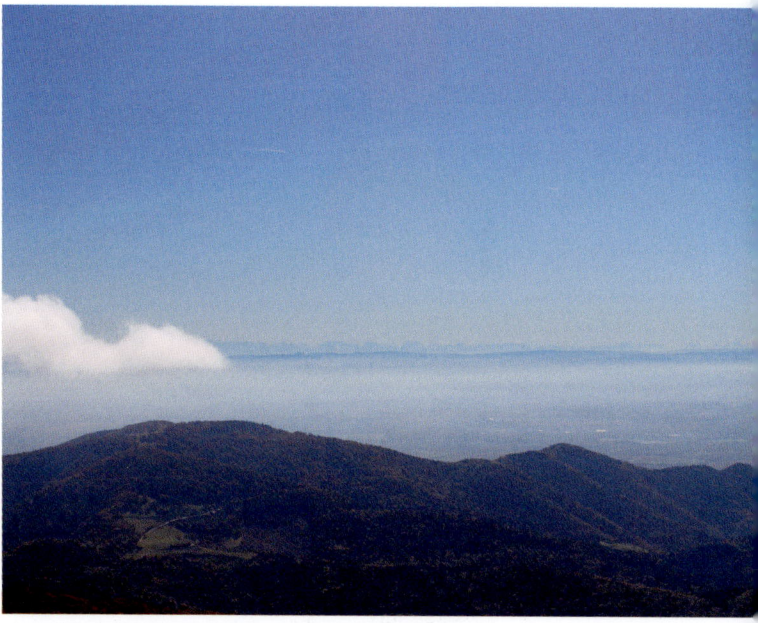

Herbstlandschaft beim Aufstieg auf den Großen Belchen

Am Judenhutplan gehen wir die Waldfahrstraße nach links gemäß dem Wegweiser *Lieserwasen* (blaues Kreuz), biegen aber nach 100 m mit der Waldfahrstraße nach rechts ab und finden bald darauf das rot-weiß-rote Wegzeichen. Wir bleiben zunächst auf dieser Waldfahrstraße – es ist die Nordroute um den Judenhut –, bis links ein Wegweiser erschient:

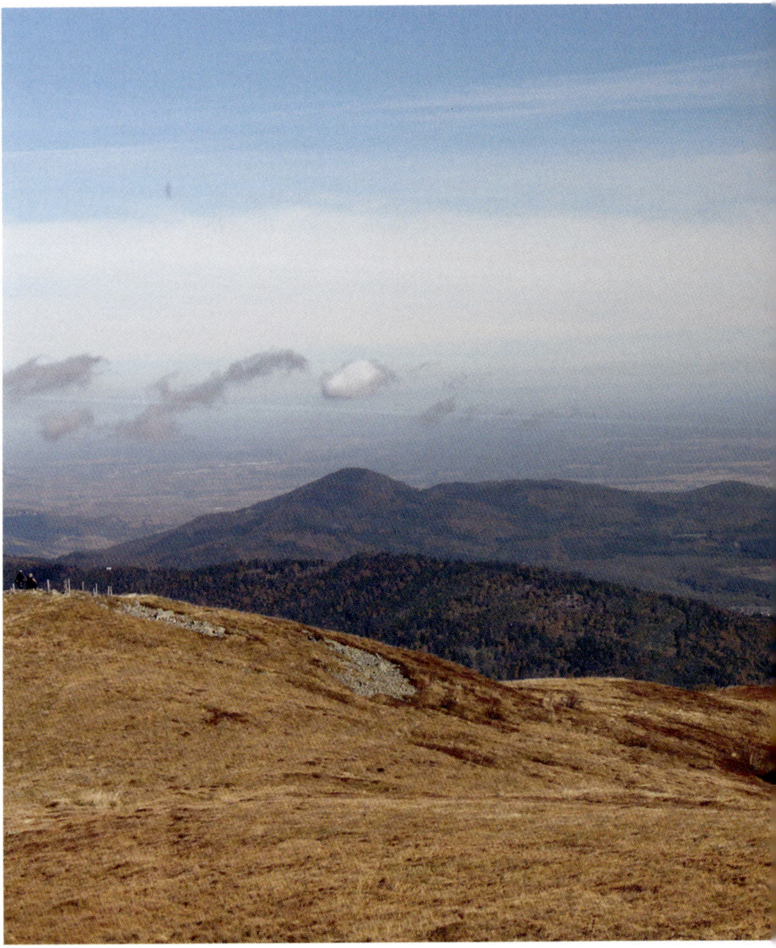

Sicht vom Großen Belchen auf die Rheinebene

Auberge Langmatt, Murbach (rotes Kreuz). Wir wandern diesen Waldfahrweg etwa 200 m hinunter und sehen rechts an einer Tanne den Wegweiser *St. Barnabé* (rotes Dreieck). Nun gehen wir immer auf diesem Weg in das Murbachtal hinunter und gelangen wieder an die Weggabelung beim Hotel St. Barnabé und damit zum Ausgangspunkt der Wanderung.

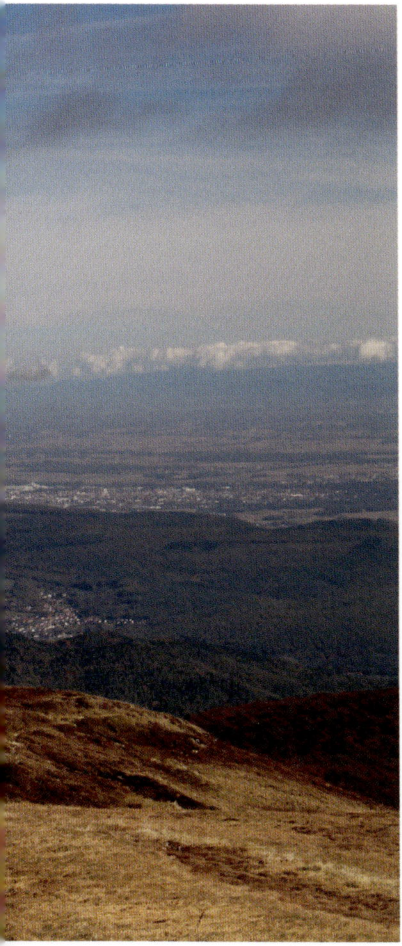

Die schwarzen Hunde von Murbach

Bekannt sind die Hunde des Murbacher Klosters. Der Hund ist im heute noch erhaltenen Klosterwappen auf dem Torbogen und im Wappen der Gemeinde Murbach zu sehen. Die gefürchteten schwarzen Klosterhunde haben 1445 bei dem Überfall der Armagnaken (Anhänger des französischen Thronfolgers im Hundertjährigen Krieg, marodierende Söldnerbanden) sowie später beim ersten Angriff der Bauern im Bauernkrieg (1525) eine wesentliche Rolle bei der Verteidigung gespielt. In Lienhard Otts Lied heißt es: »Es ward den Gecken (Armagnaken) allen kund, das Stift Murbach hat einen schwarzen Hund, der hat ihrer viel gebissen.« Im Speisesaal des Hotels St. Barnabé ist ein Wandgemälde zu sehen, auf dem der Kampf der Mönche am Klostertor drastisch geschildert wird. Übrigens waren die Mönche von Murbach nicht nur Priester, sondern auch Ritter und hatten ein hohes Selbstbewusstsein. Noch lange nach der Aufgabe des Klosters sagte man: »Er hat Hochmut, größer als ein Murbacher Hund.«

Drumont

Fellering (Rue du See) – Drumont – Hasenkopf – Tête de Fellering (Felleringkopf) – Hasenkopf – Langenbach – Fellering

Die Verbindung der auf dem östlichen Kamm der Vogesen liegenden Berge – vom Hohneck bis zum Grand Ballon – zur Kette westlich des Thurtals ist der Col de Bramont. Zwischen diesem Pass und dem Felsachkopf im Süden liegt eine Reihe imposanter Erhebungen wie der Grand Ventron und der Drumont. Mündel rühmt in seinem Vogesenführer von 1900 den Drumont wegen seines »großartigen Blicks«. Das Beiwort »großartig« ist aber der gesamten Landschaft um den Drumont und westlich der Thur zu verleihen. Selten erschließt eine Vogesenwanderung eine so markante, stetig wechselnde Aussicht: einmal nach Osten auf die Berglandschaft der Route des Crêtes, dann wieder nach Westen auf die flach abfallenden Bergketten und schließlich eine Rundsicht wie auf dem Gipfel des Drumont.

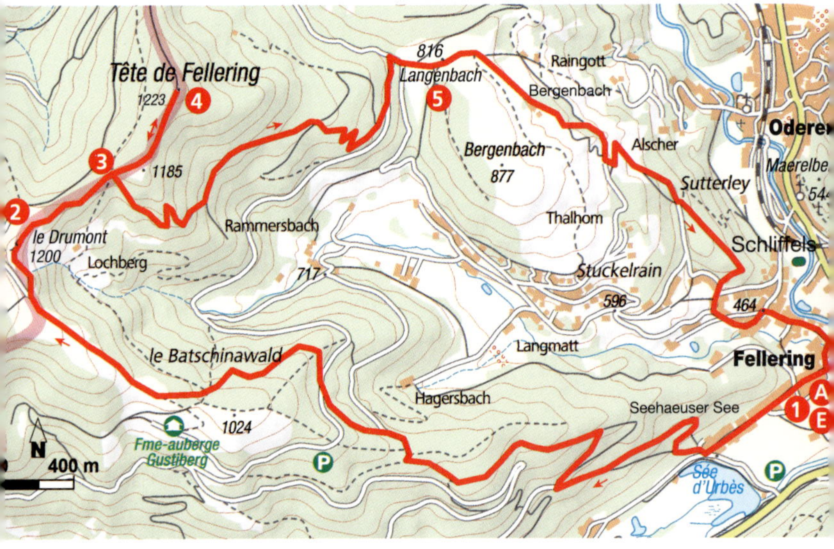

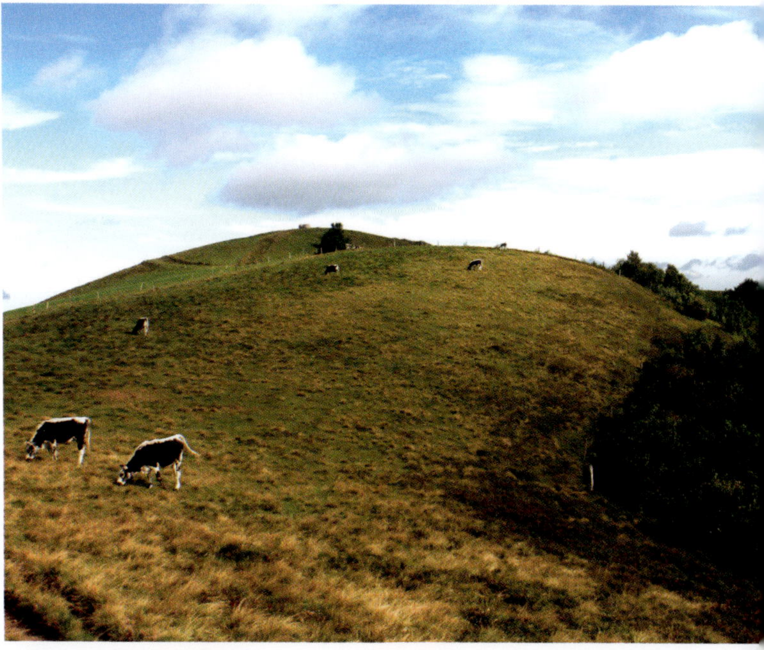

Blick auf den Drumontgipfel

- **Ausgangspunkt** *Fellering (Rue du See)*
- **Aufstieg** *2,5 Std.*
- **Abstieg** *3 Std.*
- **Gesamtzeit** *5,5 Std.*
- **Höhenunterschied** *450–1222 m*
- **Länge** *16 km*
- **Karte des Vogesenclubs** *Bussang, La Bresse 3619 OT*

Startpunkt ist ❶ **Fellering.** Zu diesem Ort fährt man von Thann kommend über die N 66 Richtung Col de Bussang. Gleich nach der Brücke über die Thur steht zur Linken das Restaurant »Le Pont Rouge«. Kurz vor dem Restaurant fährt man rechts ab in den Ort, überquert eine zweite Thurbrücke und hält sich immer links bis zur »Rue du See«. In dieser Straße kann man den Wagen parken. Wir gehen etwa 10 Minuten auf dieser Straße, bis wir rechter Hand das Torsobauwerk eines Viadukts erblicken. Dort gehen wir links vorbei und erkennen schon in etwa 50 m Entfernung einen Pfad, der rechts den Hang hinaufführt. Dort steht auch der Wegweiser *Drumont 2,30 h* (mit blauem Dreieck). In großen Serpentinen führt dieser gut gezeichnete Weg den Hang hinauf. Später erscheint der Wegweiser *Drumont, Gustiberg*. Gustiberg ist eine Ferme-Auberge, die wir aber nördlich umgehen. An einer Weggabelung steht eine große neue Forsthütte, dort geht der Weg geradeaus zur Ferme mit rotem Punkt. Wir halten uns rechts, immer dem blauen Dreieck folgend. Von diesem Pfad aus bieten

Klöster als Wegbereiter der Erschließung der Vogesen

Während im Elsass die Alemannen den Grundstock der Bevölkerung bildeten, besiedelten die Franken im Zuge der Landnahme den westlichen Teil der Vogesen, gingen dann aber in der stärkeren romanischen Bevölkerung auf. Das Umland der Vogesen war fest in die merowingische Herrschaft einbezogen; die alemannischen Herzöge handelten nur in Vertretung der fränkischen Könige. Entscheidend für die politische Sicherung und damit einhergehend die Verbreitung sowie Vertiefung des Christentums waren die Klostergründungen. Die merowingischen Könige und die karolingischen Hausmeier förderten die Entstehung von Abteien, die sich wie ein Kranz um die Vogesen legten. Unter den Karolingern stiegen einige in den Rang von Reichsabteien auf, wie Münster, Murbach sowie Remiremont. Während der Schwarzwald im frühen Mittelalter Niemandsland blieb, bestanden in den Vogesen bereits aufgeteilte Einflussbereiche der Klöster, in welchen Leben sowie Tätigkeit im Gebirge gefördert wurden.

Die Abteien St. Dié und Remiremont hatten spätestens im 10. Jh. ihre Grenzen bis zum Hauptkamm erweitert und pflegten Beziehungen zu Klöstern auf der elsässischen Seite. Andererseits drängten die Rodungen der Abtei und der Stadt Münster im stark besiedelten Fechttal schon im 10. Jh. auf den Hauptkamm, wo die großen Sommerweiden für das Vieh entstanden, die sich auch weit jenseits des Kammes ausdehnten. Ab dem 14. Jh. breitete sich die romanische Bevölkerung in den westlichen Vogesen stärker aus, besiedelte die Hochtäler und drang auch in die Münstertäler Weidegebiete vor.

So waren Romanen und Germanen ursprünglich weniger durch die Kammlinie und Wasserscheide getrennt, sondern durch einen großen, unbewohnten Raum. Nun grenzten sie aber mitten im Gebirge aneinander, und der Bevölkerungsaustausch ging über das Gebirge hinweg.

sich schöne Ausblicke auf das Tal der Thur sowie die östlich gelegene Bergkette und nach weiterem Anstieg auch nach Süden auf den Rimbachkopf (1197 m), den Sternseekopf und zum Rouge Gazon.

Schließlich endet die Bewaldung, und der Weg führt nun über eine weite Weidelandschaft hinauf zum 2 **Drumont.** Dort ist die Rundsicht wunderbar und nach allen Seiten offen. Eine Orientierungstafel des französischen Alpenvereins aus dem 19. Jh. nennt die Bezeichnungen all der Berge, die wir in der Ferne bestaunen können: die Kämme nach Westen, die sich in unendliche Ferne verlieren, in der Nähe der Vogesenkamm im Osten vom Hohneck bis zum Grand Ballon, hinüber zum Ballon d'Alsace und zum Ballon de Servance, dem einst höchsten Fort der Befestigungskette um Belfort. Will man sich dort oben stärken, so bietet sich die Ferme-Auberge »Chaume Drumont« an, ein leistungsfähiges Höhengasthaus. Später gibt es keine Einkehrmöglichkeit mehr.

Wir steigen von der Orientierungstafel auf einem kleinen Pfad in nördliche Richtung den Berg hinunter in eine Senke und erreichen den Fernwanderweg G 531 (blaues Rechteck) sowie den Wegweiser *Tête de Fellering* (Felleringkopf, einst Grand Drumont genannt). Er ist mit 1222 m der höchste Gipfel des Drumontmassivs. Hier muss man sich neben einem Weidezaun durch

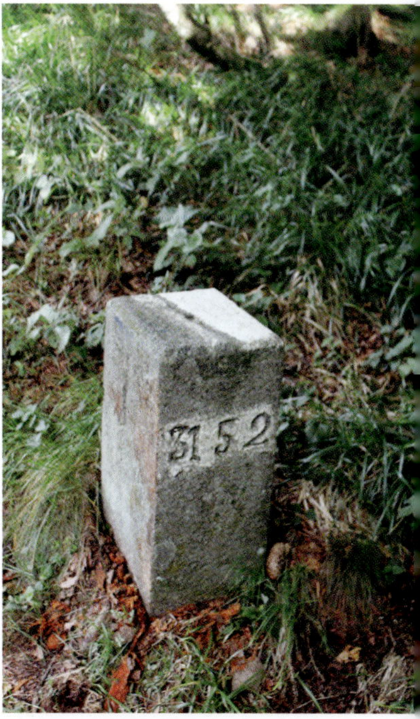

Stein an der Grenze von 1871

eine 20-stämmige Buche hindurchzwängen und kommt an einen Sattel namens 3 **Hasenkopf,** an dem drei Wanderwege zusammentreffen. Zunächst besteigen wir aber noch die 4 **Tête de Fellering** (Felleringkopf), die man nach kurzem Anstieg entlang einer Grenzmauer erreicht. Hier steht der Grenzstein Nr. 3141, bei dem das D ausgemeißelt ist.

Wir gehen zurück zum erwähnten Sattel (Hasenkopf), von dort aus haben wir nun zwei Möglichkeiten, nach Fellering zurückzuwandern:

Der Pfad mit gelbem Punkt führt steil hinab ins Rammersbachtal, der Weg mit rotem Dreieck zieht sich den Hang entlang bis nach Langenbach, wo eine Schutzhütte steht. Wir wählen den zweiten Weg, da er nach einem bequemen Abstieg über eine weite Strecke auf einer Höhe von 800 m verbleibt und immer wieder schöne Aussicht bietet. Der Weg ist mit dem Schild *Langenbach* (mit rotem Dreieck) angezeigt und gut gezeichnet. Nach etwa 30 Minuten darf man auf dem Waldfahrweg ein Schild mit der Aufschrift *Fellering, Oderen* nicht übersehen, das auf einen Pfad nach rechts weist. In 5 **Langenbach** (816 m) steht der Wegweiser *Oderen, Langmatt, Chap. St. Nicolas*. Für uns gelten weiterhin das rote Dreieck und die Richtung Oderen (der Weg nach Fellering zweigt erst später ab).

Der nun über Weiden nach Süden hinziehende Wanderweg bietet reizvolle Ausblicke auf die Berge im Osten und das Tal der Thur. Allerdings ist seine Markierung nicht immer ganz eindeutig. Beachten muss man eine kaum sichtbare Abzweigung eines kleinen Pfades nach links vor dem Anwesen »Obergenbach«, sonst betritt man privates Gelände. Der Pfad zwängt sich zwischen einem großen Stein und dem Tor vor den Gebäuden zur Linken durch. Erst 15 m weiter unten ist das rote Dreieck an einem Baum zu sehen. Der Weg mündet später in eine asphaltierte Straße. Diese muss man ungefähr 150 m benutzen, bis nach links ein kaum sichtbarer Pfad durch Farn von dieser Straße abzweigt (kurz davor ist ein kleiner Felsbrocken). Etwa 30 m unterhalb am Hang sieht man ein Weidegatter und an dessen Pfahl einen roten Punkt. Er ist nun für uns das weitere Wegzeichen. An der

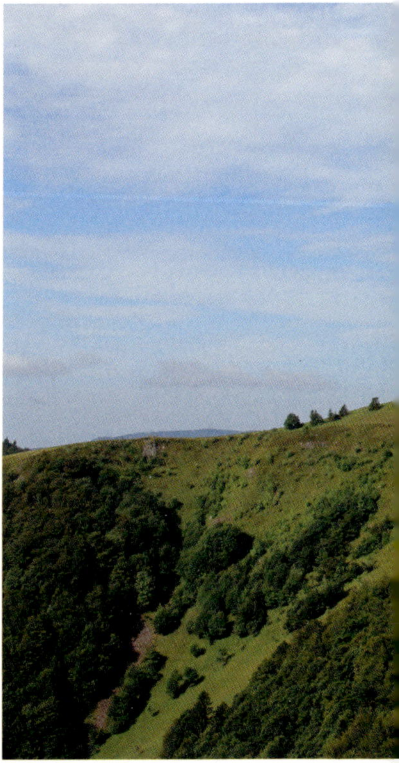

Kar am Drumont

leicht zu übersehenden Abzweigung steht kein Schild. Ab hier ist der Weg wieder gut gezeichnet, mit Stegen über Schlammgräben versehen. An einem Abri (Schutzhütte) neben einem kleinen Holzhaus geht man die Waldfahrstraße geradeaus hinunter (ohne Wegzeichen), findet aber nach 100 m wieder das Schild *Fellering, Oderen* (mit rotem Punkt), das nach links auf einen Pfad weist. Nach weiteren 100 m kommt man an eine Gabelung. Wir folgen nach rechts dem Wegweiser *Fellering par Hornyfels* (wieder mit rotem Dreieck), der unmittelbar oberhalb von Fellering in einem Viertel mit Villen am Hang endet. Jetzt müssen wir nur noch 10 Minuten die Straße hinuntergehen (mit rotem Dreieck, am Ende mit gelbem Punkt). Wir durchschreiten ein funktionsloses Viadukt, biegen nach rechts und befinden uns wieder in der Rue du See.

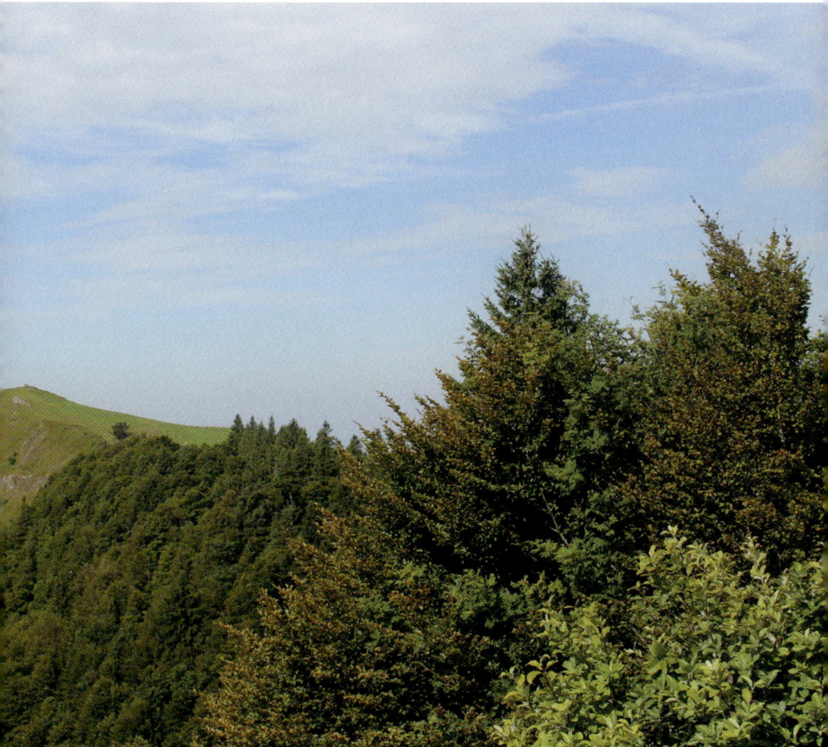

24

Tête des Perches

Urbès (Parkplatz vor dem Viadukt) – Rouge Gazon (Roter Wasen) – Tête des Perches (Sternseekopf) – Col des Perches (Sternseesattel) – Gazon Vert (Grüner Wasen) – Schagrikopf – Urbès

Der Lac des Perches (Sternsee) gilt als einer der schönsten Vogesenseen. Er hat eine Größe von 4,4 ha und ist 17 m tief. Die französische Bezeichnung ist eine missverstandene Umformung von Lac de Bers, benannt nach drei den See umlagernden Bergen: der Obere Bers im Westen (1248 m), der Untere Bers im Süden (895 m) und der Mittlere Bers im Südwesten (1120 m). Die Wanderung zum Sternsee führt uns in eine Landschaft mit betontem Eigencharakter: das zauberhafte Brückenbachtälchen beim Aufstieg, schöne Ausblicke vom Rouge Gazon, eine waldfreie Hochebene und die atemberaubende Sicht auf den See mit seinem grünblauen Wasser vom Sternseekopf.

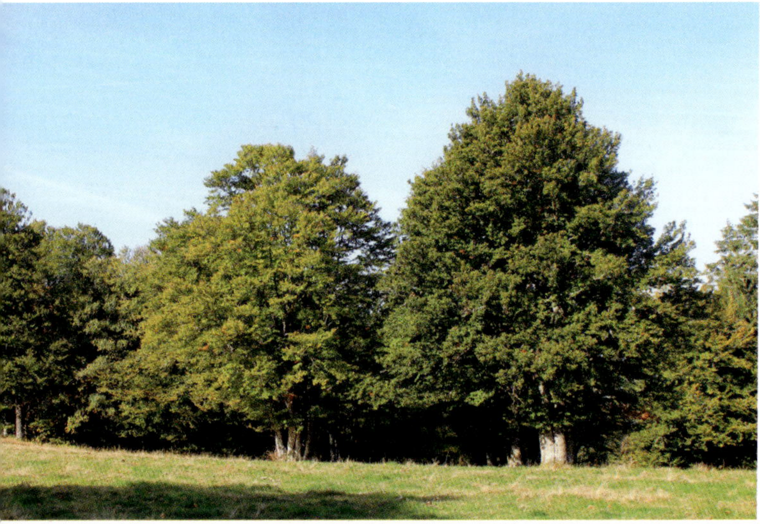

Schattenbäume auf der Weide des Roten Wasen

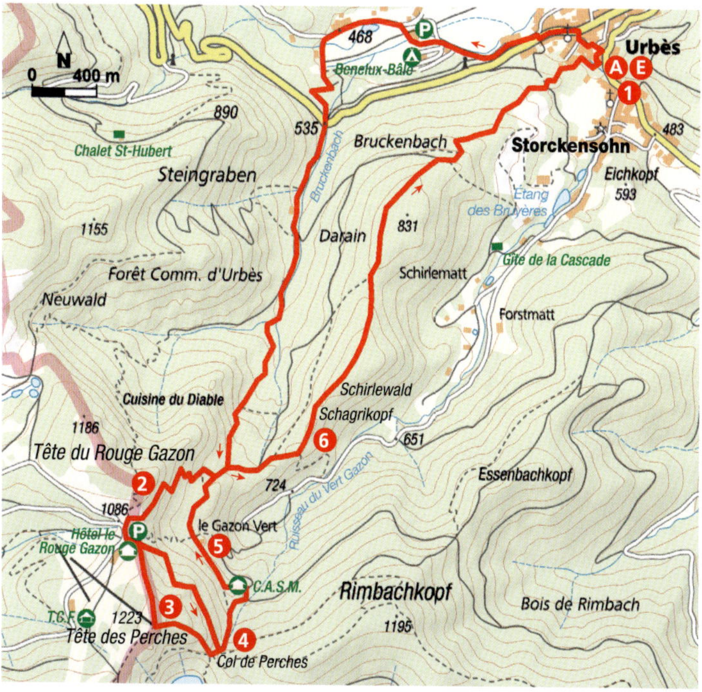

- **Ausgangspunkt** *Urbès (Parkplatz vor dem Viadukt)*
- **Aufstieg** *2,5 Std.*
- **Abstieg** *2,5 Std.*
- **Gesamtzeit** *5 Std.*
- **Höhenunterschied** *450–1222 m*
- **Länge** *15 km*
- **Karte Vogesenclub** *Bussang, La Bresse 3619 OT*

Wir steigen zum Sternseesattel von ❶ **Urbès** (450 m) auf, das man über Thann und das reizvolle Thurtal erreicht. Den Wagen parkt man am besten auf dem Parkplatz gegenüber vom Campingplatz (bei einem frei in der Landschaft stehenden Viadukt). Dorthin führt eine kleine Straße, die etwa 200 m nach der Kirche rechts abzweigt. Hier steht auch der Wegweiser *Rouge Gazon* (mit rotem Punkt), unser erstes Ziel.

Wir nehmen nun das asphaltierte Sträßchen, vorbei am Viadukt, und halten uns bei einer Abzweigung

Die Stadt Thann

Der Wanderer sollte das Thurtal nicht verlassen, ohne der Stadt Thann mit ihrem älteren Vorort Vieux-Thann (Alt-Thann) einen Besuch abzustatten. Sie ist eine reizvolle Kleinstadt mit fast schweizerischem Einschlag und hatte eine oft leidvolle Geschichte. Ursprünglich zur Grafschaft Pfirt im elsässischen Jura gehörend, wurde das Städtchen 1324 habsburgisch und von den Habsburgern an Karl den Kühnen von Burgund verpfändet. Im Hundertjährigen Krieg zerstörten es die Engländer (1365), 1444 die Armagnaken (Anhänger des französischen Thronfolgers), 1468 die Schweizer und 1525 die Sundgauer Bauern. Im Dreißigjährigen Krieg stritten sich die Schweden und die Kaiserlichen um die Stadt. Im Jahr 1648 kam Thann mit dem Sundgau zu Frankreich. Im Ersten Weltkrieg wurde es von den Franzosen besetzt und gehalten. Damals wurde die »Route de Joffre« von Thann nach Masevaux (Masmünster) als strategische Straße zur Versorgung der Front gebaut. Auch im Zweiten Weltkrieg hatte die Stadt beim Rückzug der Deutschen schwer zu leiden.

Von der mittelalterlichen Stadtmauer sind noch der Hexenturm und der Storchenturm erhalten. Der Theobaldsbrunnen mit der Steinfigur des hl. Theobald ist dem Schutzheiligen der Stadt geweiht. Sein Bischofsstab – mit einem Finger und Ring des Theobald – soll der Legende nach aus Umbrien von einem Diener gebracht und an eine Tanne im Thurtal gelehnt worden sein. Von ihr ließ er sich nicht mehr trennen, und drei glänzende Lichter zeigten sich an der Tanne (daher der Name Thann). Wo das Wunder geschah, baute man eine Kapelle, aus der später das Münster wurde.

Das stattliche Hôtel de Ville (Rathaus) stammt aus dem 18. Jh., nachdem sein Vorgängerbau (16. Jh.) bei einem Hochwasser eingestürzt war. Die alte Kornhalle, das gotische Turmhaus Erhard gegenüber der Westseite des Münsters und schöne alte Häuser mit Fachwerk, Portalen und Erkern sind noch Beispiele des mittelalterlichen Bestands.

Das Kleinod Thanns ist jedoch das Münster. Die St.-Theobald-Kirche war ursprünglich Ziel einer Wallfahrt zur Reliquie des Schutzheiligen. In der Zeit von 1320 bis 1629 kam die Baulust der Thanner nicht zur Ruhe. Nach zahlreichen An- und Umbauten tritt uns die dreischiffige Basilika als ein Bauwerk bunter Aneinanderreihung von Einzelkörpern mit starken Kontrasten und Dissonanzen entgegen. Der reiche figürliche Schmuck, die farbigen Fenster im Chor sowie der kühne Turm steigern den Anblick dieses kleinen Münsters zu einem letzten Leuchten der Gotik am Oberrhein.

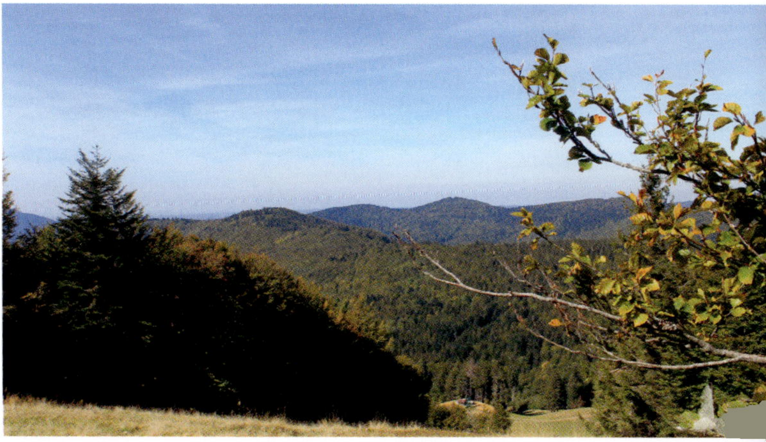

Rouge Gazon: Westsicht

nach links – immer dem roten Punkt folgend. Nach einer Unterquerung der Fahrstraße sieht man auf der linken Seite den steinernen Sockel eines ehemaligen Hauses mit einer Treppe. Nach dem Besteigen der Treppe entdeckt man versteckt an einer Fichte den roten Punkt und einen kleinen Pfad (nach links). Von nun an ist der Weg gut markiert. Wir wandern das Tal des Brückenbachs hinauf, der neben uns munter herunterplätschert. Wo sich der Weg teilt, folgen wir, uns links haltend, dem Wegweiser *Rouge Gazon direct.* Wir steigen einen gleichsam alpinen Pfad am Osthang des Rouge-Gazon-Kopfs über weite Steinschotterlawinenhänge und durch verwitterten Tannen- und Buchenwald weiter hinauf und erreichen so den **2 Rouge Gazon** (1086 m), eine waldfreie Hochfläche. Dort erwartet uns eine schöne Aussicht auf die Berge im Westen. Eine zum Berghotel ausgebaute Melkerei bietet eine gute Einkehrmöglichkeit.

Um zum Sternseesattel zu gelangen, gibt es zwei Varianten:

Zur Linken der Ferme-Auberge (1) steht der Wegweiser *Col des Perches* (blaues Rechteck). Der Weg führt in 30 Minuten direkt zum Col des Perches und zum Abstieg an den See. Allerdings verzichtet man bei dieser Variante auf den großartigen Ausblick vom Sternseekopf. Natürlich kann man vom Roten Wasen zum Gipfel aufsteigen und zur Ferme zurückkehren (40 Minuten).

Links vom Berggasthaus (2) steht auch der Wegweiser *Têtes des Perches (vue sur le lac) … Ballon d'Alsace (*blau-weiß-blaues Rechteck*).*

Die Sternseesage
Eine Fee schwebte um Mitternacht in einer gläsernen Kutsche, die von sieben Silbernägeln zusammengehalten wurde, durch die Lüfte über den See. Ein Zauberer löste in der klaren Nacht die Nägel und befestigte sie am Himmel. Die Kutsche fiel auseinander und stürzte in den See. Die sieben Sterne blieben am Himmel stehen und suchten in stillen Nächten immer noch nach der Kutsche auf dem Grund des Sees. Seither heißt er Sternsee. In diesen Nächten erscheint auch die Fee an seinem Ufer. Einst erblickte sie ein Jäger in ihrer Pracht. Dieser ist seitdem verschwunden, auch die Fee wurde nie mehr gesehen. Nur in einer tiefen Felsspalte des Sees sollen die beiden manchmal im Rauschen des Wassers zu hören sein. Die Schlussverse eines Mundartgedichts lauten:

»Zitter sind verschwunde
Fee und Jagersmann.
Tief im Felsspalt unde
Hehrsch's nur dann und wann.«

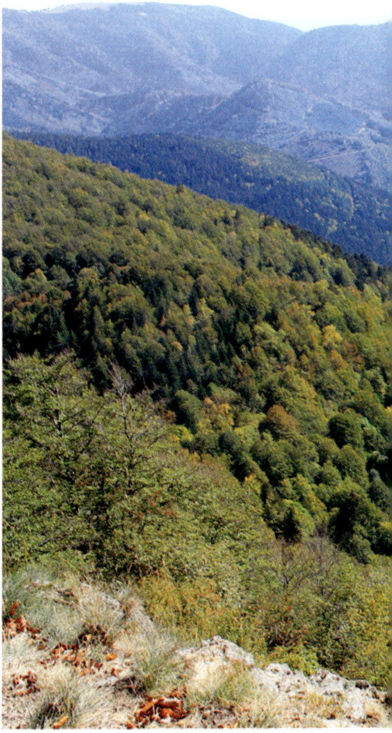

Blick auf den Sternsee vom Sternseekopf

Etwa 30 m rechts davon geht ein schmaler Pfad links ab, der direkt mit steilem Anstieg in 20 Minuten zur ❸ **Tête des Perches,** zum Sternseekopf, führt. Auf der Karte hat er ebenfalls das Zeichen blau-weiß-blaues Rechteck, ist jedoch nicht markiert. Dennoch kann man den Weg nicht verfehlen; nach kurzer Zeit folgt er immer einer alten Weideabgrenzung aus Stein. Auf dem Gipfel hat man wahrlich eine fantastische Aussicht auf den in einem Tannenkessel unten liegenden See sowie einen weiten Blick auf die südwestliche Vogesenwelt. Nach links führt ein nicht gekennzeichneter steiler und felsiger Gebirgspfad hinunter zum See sowie zum Sternseesattel. Er verlangt gutes Schuhwerk sowie Trittsicherheit und sollte daher nur vom geübten

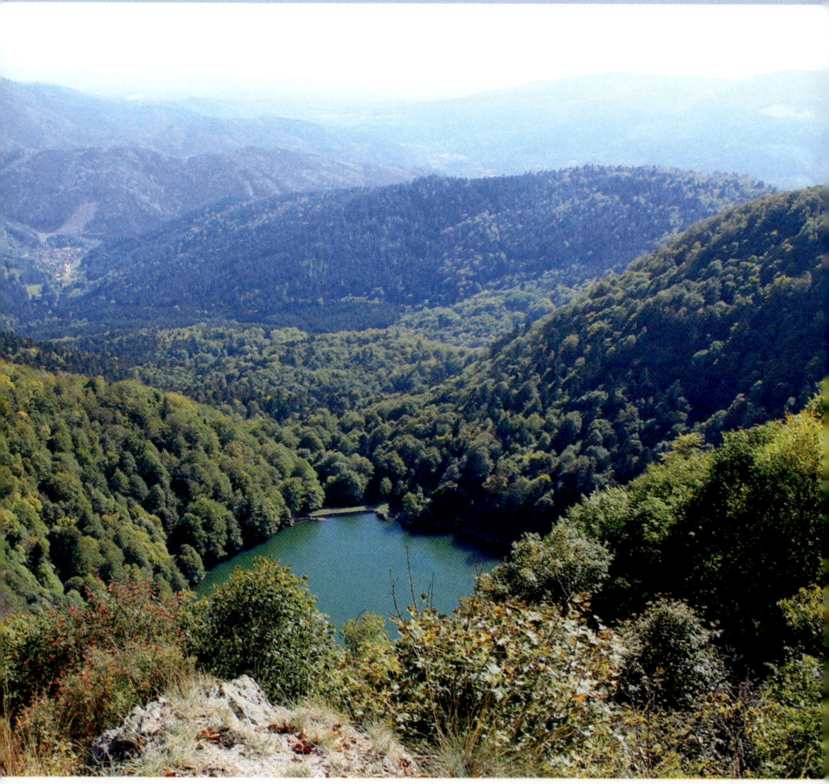

Wanderer begangen werden. Beide Varianten (1 und 2) sind als Track aufgezeichnet.

Wenn wir nun am 4 **Col des Perches** (Sternseesattel) angelangt sind, orientieren wir uns am Wegweiser *Gazon vert* (rot-weiß-rotes Rechteck) und steigen hinunter bis zu einem Vereinsheim (Refuge) mit rotem Ziegeldach, das sonntags bewirtet ist. Dort ist der Wegweiser *Gazon Vert* (mit gelbem Dreieck).

Nach Urbès kann man durch das Tal des Grünwasenrunzbachs und über Storkensohn gelangen (rot-weiß-rotes Rechteck). Wir ziehen den Kammweg über den 5 **Gazon Vert** (mit gelbem Dreieck) und über den 6 **Schagrikopf** vor, der sich lange über eine Höhe zwischen 800 und 900 m hinzieht. Er führt nach Urbès zurück und mündet 100 m westlich der Kirche auf die Hauptstraße und in 10 Minuten zurück zum Viadukt.

Ballon d'Alsace

Sewen – Cascade du Wagenstall (Wagenstall-Wasserfall) – Le Grand Langenberg (Ferme-Auberge) – La Chaumière – Ballon d'Alsace (Elsässer Belchen) – Col de Ronde Tête (Rundkopfsattel) – Kammweg GR 5 – Alfeldsee – Sewen

Der Elsässer Belchen ist zwar etwas niedriger als seine beiden Namensvettern – der Petit Ballon und der Grand Ballon –, übertrifft sie jedoch an landschaftlicher Schönheit. Dies gilt für die überwältigende Schau, die man vom Gipfel aus auf die umgebenden Berge (Schwarzwald, Jura und Alpen) hat. Aber auch die Pfade auf dem Hin- und Rückweg sind von großem landschaftlichem Reiz.

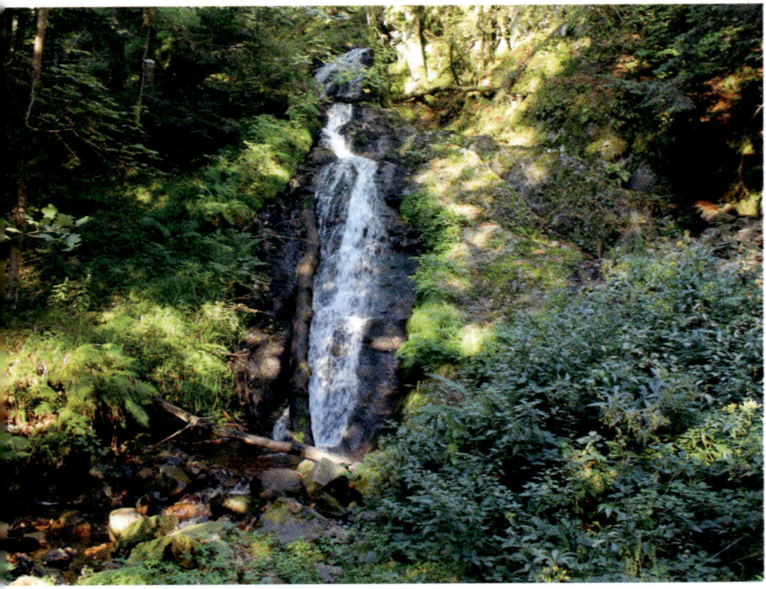

Der Wagenstall-Wasserfall

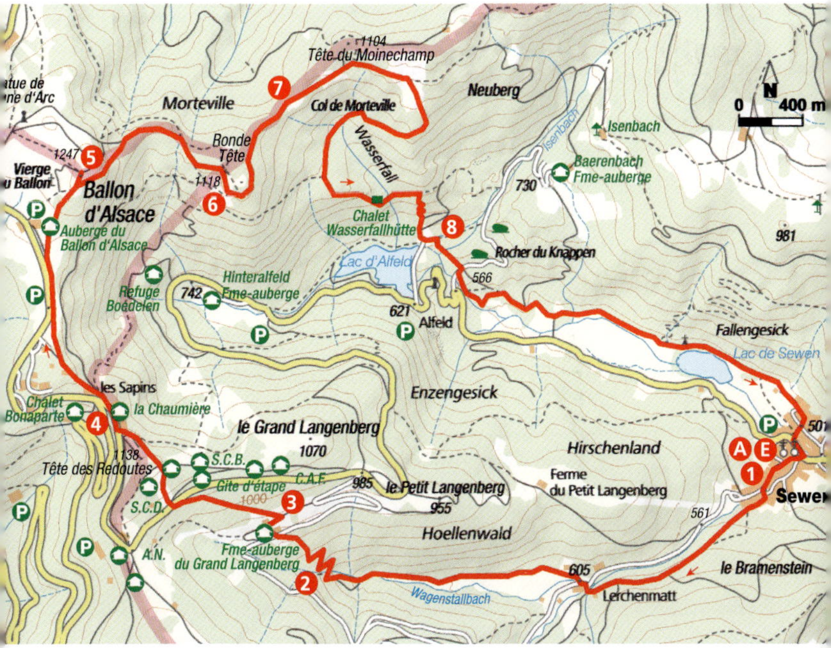

- **Ausgangspunkt** *Sewen*
- **Aufstieg** *3 Std.*
- **Abstieg** *3 Std.*
- **Gesamtzeit** *6 Std.*
- **Höhenunterschied** *400–1247 m (ohne Anstiege auf dem Kammweg GR 5)*
- **Länge** *18 km*
- **Karte des Vogesenclubs** *Thann, Masevaux 3620 ET*

Wir beginnen die Wanderung in ❶ **Sewen,** einem kleinen Dorf im Dollertal hinter Masevaux (Masmünster). Den Wagen parkt man am besten an der Kirche. Bei der Rückkehr sollte man ihr einen Besuch abstatten: Sie hat einen Chorturm aus dem 13. Jh., das Mittelschiff stammt aus dem 15. Jh. Beachtlich sind der Altar, eine schöne gotische Sakramentsnische und ein Karner (Beinhaus). An der Westwand, die den Kirchhof ummauert, ist die für uns maßgebliche Wegweisertafel angebracht, mit unterschiedlichen Zielangaben und Wegzeichen.

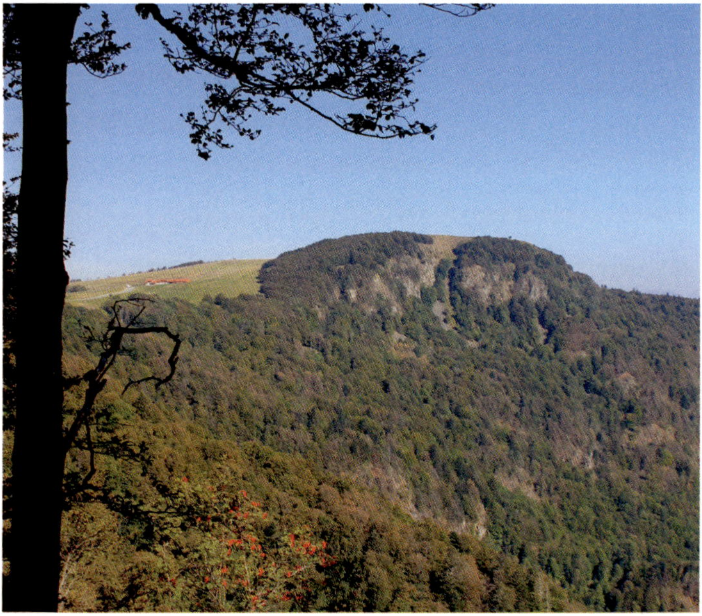

Der Ballon d'Alsace von Süden

Für uns gilt zunächst die Wegweisung *Fennematt, Petit Langenberg, Grand Langenberg* (mit blauem Rechteck GR 531). Wir überschreiten die Brücke, wo man auch das Wegzeichen mit blauem Rechteck und Pfeil sieht. Nach etwa 150 m führt das Wegzeichen wieder über eine Brücke mit dem Schild *Fennematt,* und wir steigen nun links des Wagenstallbachs das Tal hinauf.

An einer Weggabelung verlassen wir den Pfad mit dem blauen Rechteck (Wegweiser *Fennematt*), folgen dem Schild *Langenberg* (mit rotem Dreieck) und überqueren die Straße. Gegenüber finden wir den Wegweiser *Grand Langenberg* und das Holzschild *Chemin du Wagenstall.* Wir orientieren uns nun immer am roten Dreieck. Zunächst steigt der Weg entlang des Wagenstallbachs nur leicht an, führt dann aber steil in Serpentinen das Tal hinauf. Er ist von besonderer landschaftlicher Schönheit, führt über kleine Brücken bis zur **2 Cascade du Wagenstall,** zum Wagenstall-Wasserfall, und anderen kleineren Wasserfällen.

Auf der Höhe von etwa 900 m verlassen wir den Wald und sehen nun das rote Dach der Ferme-

Auberge ❸ **Le Grand Langenberg.** Der Wegweiser *La Chaumière, Ballon d'Alsace* zeigt den weiteren Pfad über die ansteigenden Weideflächen an. Er durchquert einen schönen und ursprünglichen Wald mit Weidebuchen, die sich in bis zu zehn Stämme aufteilen. Wir überqueren die Straße, die zum Ballon d'Alsace führt, gelangen an die Metalltür eines Weidezauns und halten uns dort rechts, dem roten Dreieck folgend. Von der Straße wird man weiter kaum tangiert. Aber wir betreten nach einsamen Pfaden den Bezirk der Touristik, die das gesamte Gebiet um den Ballon d'Alsace umfasst. Wo der Weg die Fahrstraße erneut trifft, ändert sich nun das Wegzeichen. Man befindet sich auf dem Fernwanderweg GR 5 mit rotem Rechteck sowie dem Schild *Ballon d'Alsace,* der an ❹ **La Chaumière** vorbeiführt. In Kürze erreichen wir den Gipfel (1247 m).

Über eine Steintreppe steigen wir zur Marienstatue hinauf, die den ❺ **Ballon d'Alsace** (Elsässer Belchen) krönt, schließlich gelangen wir zu der Orientierungstafel, die der Vogesenclub der Sektion Belfort dort 1888 montieren ließ. Von hier hat man einen imposanten Ausblick, vor allem nach Osten zum Sewensee. Der Wanderer ist bezaubert von der Sicht zu all den Nachbarbergen ringsum, östlich zum Schwarzwald, nördlich und westlich zu den in der Ferne sich verlierenden Bergketten, südlich zum Jura und zu den Alpen. Für den Abstieg findet man keinen Wegweiser, jedoch südöstlich der Statue ist das Wegzeichen mit dem roten Rechteck angebracht, an dem wir uns weiter orientieren.

Ballon d'Alsace

Trägt der Berg den Namen zu Recht? Gehört doch die westliche Hälfte der Bergkuppe zum Bezirk Belfort. Dies bedarf einer historischen Erklärung. Der heutige Präfektursitz Belfort gehörte ursprünglich zum Département Haut-Rhin mit der Präfektur in Colmar. In den Friedensverhandlungen nach dem Krieg von 1870/71 wollten die deutschen Generäle aus strategischen Gründen die Festung Belfort dem deutschen Staatsgebiet zuschlagen. Besonders England erhob dagegen Einsprüche, die Bismarck nicht übergehen konnte. Die Grenze wurde unter Überlassung des Bezirks Belfort bei Frankreich mitten durch die Belchenkuppe gezogen, der Bezirk heißt bis heute »Territoire de Belfort« – ohne die Bezeichnung »Département«. Geschichtlich betrachtet, trägt also der Ballon d'Alsace seinen Namen zu Recht. Er lag vor 1870 gänzlich im Département Haut-Rhin.

Der Pfad führt zunächst steil bergab und bietet einen sehr schönen Ausblick in das Tal des Ruisseau des Charbonniers (Köhlerbach), welcher der Mosel zufließt. Wir stoßen

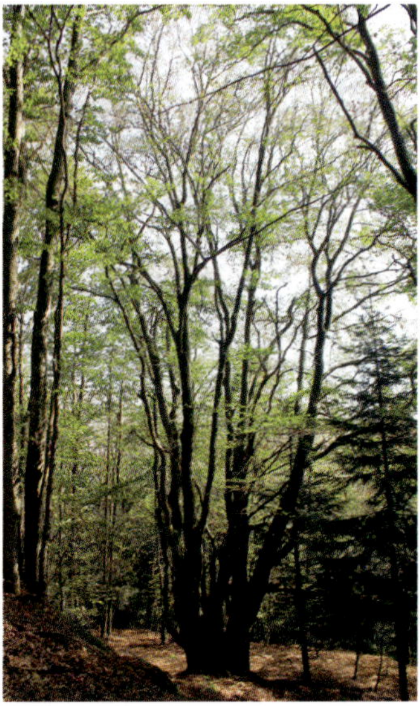

Eine vielstämmige Buche

auf den Wegweiser *Col des Perches* (Sternseesattel), wohin der GR 5 immer auf dem Kamm verlaufend führt. Das ist zwar nicht unser Ziel, genauso wenig wie der später ausgewiesene *Col des Charbonniers,* wohl aber unsere Richtung. Wir gelangen an den 6 **Col de Ronde Tête,** den Rundkopfsattel (1072 m). Kurz nach dem Sattel ist der Wegweiser *Refuge Boedelen, Hinter Alfeld, Sewen* (mit rotem Kreuz) angebracht, den wir aber nicht beachten. Wir wandern auf dem 7 **Kammweg GR 5** weiter; gewiss, immer wieder mit leichten An- und Abstiegen, aber ein Weg von bezaubernder Schönheit. Zur Linken begleiten uns große, teilweise bemooste Felsgebilde und wiederum die vielstämmigen uralten Buchen, zur Rechten locken prächtige Ausblicke ins Tal und auf die gegenüberliegenden Bergketten. Heidekraut und Heidelbeerbüsche säumen den Pfad.

Den Abstieg zum Alfeldsee und nach Sewen wählen wir erst bei dem Wegweiser *Lac d'Alfeld* (mit rot-weißrotem Rechteck), den man nicht übersehen kann. Nach zunächst mäßigem Abstieg trifft der Weg auf den Wegweiser *Lac d'Alfeld, Sewen* (rotes Kreuz). Nun geht es allerdings steil bergab, an Wasserfällen vorbei, bis zur Staumauer des 8 **Alfeldsees** (620 m). Zu diesem See fällt das Gebirge in mächtigen Wänden jäh ab. Er ist heute ein Stausee, und zwar der größte der Vogesen, der das Wasser des Alfeldbachs in dessen früheres Tal hinein staut. Ein steinerner Obelisk erinnert südlich der Mauer an seine Erbauung in den Jahren 1884 bis 1886. Der See ist auf einer geteerten Straße erreichbar und daher eine Touristenattraktion.

Der Wanderweg endet am nördlichen Ende der Staumauer, dort ist auch der Wegweiser *Sewen, Baerenbach, Isenbach* (mit blauem Rechteck GR 531). Gleich nach Betreten des Waldes geht der Weg nach Sewen in spitzem Winkel rechts ab, nun folgen wir immer dem blauen Rechteck, vorbei am schön gelegenen Sewensee, und sehen bald auch den Kirchturm von Sewen.

Ortsregister